주식 투자
잘하는 사람들의
7 가지 무기

주식 투자 잘하는 사람들의 7가지 무기

20년간 연간 손실 0원,
연간 최고 수익 250억 원,
여의도 최강의
프랍 트레이더가 알려주는
백전백승 주식 투자법

김 진 지음

한스미디어

주식시장의 참가자들은 단일한 집단이 아니다. 기업의 지배 주주와 개인 투자자는 주식을 대하는 태도 면에서 하늘과 땅 차이를 보일 것이다. 기업의 내부에 있느냐 외부에 있느냐 뿐만 아니라, 주식의 가치를 바라보는 면에서도 극과 극으로 갈리는 양대 진영이 있다. 나는 이를 모멘텀 학파와 평균회귀 학파라고 부른다. 모멘텀이란 가격이 어떤 방향을 정하면 계속 그 방향으로 움직이려는 특성을 뜻하는데, 흔히들 이야기하는 '상한가 따라잡기' 전략이 여기에 속한다. 반면 평균회귀란, 강력한 상승 흐름이 나타났다 하더라도 장기적으로는 결국 평균적인 수준으로 회귀하려는 특성을 의미한다. 패닉으로 인해 주가가 폭락한 기업을 적극 매수하는 이른바 '역발상 투자전략'이 평균회귀 학파가 선호하는 대표적인 전략이다. 한국시장에서 발간된 책의 대부분은 평균회귀 학파의 책이었다. 워런 버핏이라는 이름만 들어가도 책의 판매고가 쑥쑥 올라가곤 했다. 그러나 지난 20년 동안의 성과를 돌이켜보면 2000년대에는 평균회귀 학파가 압도적인 성과를 기록했지만, 2010년 이후에는 모멘텀 학파의 승전고가 지속되는 듯하다. 이런 시대의 배경에 맞춰 좋은 책이 나온 것 같다. 모멘텀 혹은 추세 추종이 어떤 것인지, 더 나아가 실전 속에서 어떤 식으로 대응해야 하는지를 잘 설명해준다는 면에서 올해 읽은 주식 책 중에서 단연 최고라 생각한다.

───── 홍춘욱 · EAR리서치 대표, 《50대 사건으로 보는 돈의 역사》 저자

30대 그의 첫인상에서 형언하기 어렵지만 번뜩이는 재기와 총명함이 비쳐졌다. 10여 년이 지난 지금 그의 눈은 그윽하지만 굳건하고 깊은 광채로 빛난다. 투자 대가인 앙드레 코스톨라니의 말처럼 저자 김진은 '저녁에 좋은 아이디어를 생각하고 아침에는 비판적인 자세를 취하며, 점심에 비로소 결정을 내리는' 진중하면서도 결단력 있는 트레이더이다. 그는 시장과 함께 울고 웃지만 결코 시장에 휘둘리지 않는 프랍 트레이더이다. 운이 좋을 뿐이라고 겸손하게 말하지만 그가 프랍 트레이더로서 지켜 온 20년의 세월은 그 자체로 견고하면서도 유연함을 반증하는 지표이다. 저자는 절대수익을 얻기 위해 절대손실을 피하는 비책을 '7가지 무기'로 설명하고 있다. 주식 투자의 승자가 되기 위해서는 현실적인 목표를 세우고 자산 배분에 집중하며, 추세에 순응하고 로스컷에 철저해야 한다. 시장을 재단하려 하지 말고 시장이 들려주는 이야기에 귀를 기울이도록 노력해야 한다. 그는 시장의 흐름에 몸을 맡긴다는 것의 의미를 자신의 경험으로 자세히 설명하면서, 겸손하면서도 진지하게 투자에 임하

는 자세를 풀어 나갔다. 그런 관점에서 '프랍 트레이더' 김진의 스토리텔링이 담긴 이 책은 주식 투자의 생존 필독서이다.

―― 전균 · 삼성증권 이사

빈부의 격차보다 무서운 것은 꿈의 격차다. 치열한 프랍 트레이더의 세계에서 그가 체득하고 발전시켜 온 투자론과 철학은 대한민국의 수많은 개인 투자가들이 꿈의 격차를 줄이는 데 필요한 큰 무기가 될 것이라 확신한다. 일독하기를 강력히 권한다.

―― 홍용재 · 하나금융투자 전무 · S&T 그룹장

저자가 말하는 것처럼 주식 투자에 실패하지 않기 위해서는 누군가의 조언이 아니라 시장이 주는 신호를 파악할 줄 알아야 한다. 또한 주식은 사는 것보다 파는 것이 훨씬 더 중요하다는 조언은 단순하지만 투자를 해 본 사람이라면 얼마나 중요한지 절실하게 느낄 것이다. 무엇을 사야 하는지보다 언제 팔아야 하는지, 지금은 견딜 시점인지 등을 파악하는 데 더 노력을 기울인다면 코로나 이후 변화된 시대에 일반인들의 주식 투자 열풍은 투기가 아닌 투자로 자리매김하게 될 것이다. 모쪼록 이 책을 통해 보다 많은 분들이 도움을 받기를 바란다.

―― 허재환 유진투자증권 이사

연간 수백, 수천억 원의 자금을 운용하는 치열한 프랍 트레이더의 세계에서 그간 김진 부장이 보여 준 성과는 실로 경이롭다. 게다가 그러한 성과가 단기적인 것이 아니라 수십 년에 걸쳐 쌓아 올린 것임을 생각하면 어떻게 해서든 그 비법을 배워 보고 싶은 것이 투자하는 사람의 인지상정일 것이다. 놀랍게도 그는 힘겹게 체득하고 발전시켜 온 자신만의 투자론과 철학을 고스란히 이 책에 담아냈다. 투자를 향한 그의 애착과 개인 투자가를 생각하는 진심이 절절히 느껴지는 대목이다. 부디 좀 더 많은 분들이 이 책을 통해 진정한 투자의 세계를 경험했으면 하는 바람이다.

―― 강흥보, 금융전문 미디어 채널 〈E 트렌드〉 운영자, 《강흥보의 ETF 투자 특강》 저자

시간이 증명한,
여의도 최강의 프랍 트레이더
김진을 말한다

전균 · 삼성증권 이사
허재환 · 유진투자증권 이사

전   이 책을 선택하신 독자 여러분에게 미리 축하의 말씀을 드립니다. 최근 많은 투자 관련서가 출간되고 있지만, 이 책은 여러 가지 관점에서 기존 도서와 차별화되는 지점이 있습니다. 일단 국내 최강의 '프랍 트레이더'가 쓴 책이라는 점이 특별하다고 할 수 있을 텐데요. 프랍 트레이더하면 일반인들은 잘 모를 수도 있을 텐데 기관의 고유자금을 운용하는 매니저로, 고객의 자금을 운용하는 자산운용사의 전문운용역과 역할은 같지만 운용한도와 운용기간이 서로 다릅니다. 프랍 트레이더는 주식뿐 아니라 채권과 파생상품까지 모두 다룰 줄 알아야 하고요. Long/Short 거래와 차익거래 등 다양한 투자 전략을 적극적으로 구사하는, 그야말로 프로 중의 프로 투자가죠.

허　　　　그렇습니다. 말씀하신 것처럼 주식 좀 한다는 사람들이 한 번씩 꿈꾸는 직업이 바로 프랍 트레이더일 겁니다. 지금도 그렇지만 한때는 프랍 트레이더가 증권사의 꽃인 시절이 있었죠. 현재 증권사의 수익 모델은 이전보다 다양해져서 연봉의 2~3배를 인센티브로 가져가는 프랍 트레이더도 있고, PB(Private Banker)와 IB(투자은행) 전문가, 금융상품 전문가, 파생 및 채권운용 전문가 등 이전보다 역동적인 직업이 많이 생겼습니다.

전　　　　프랍 트레이더에게 가장 중요시되는 능력은 위험 관리능력일 겁니다. 개별종목에 집중 투자하기보다는 분산된 포트폴리오 내에서도 수익을 극대화하는 능력도 탁월해야 하고요. 회사 내에 정해진 투자한도와 위험 관리규정에서 운용하기 때문에 운용자금의 비탄력성이나 운용한도의 제약이 일반인보다 강한 편이죠. 이런 환경에서 지속적으로 성과를 내기란 정말 어려운 일인데 그런 면에서 보면 김진 부장이 20여 년간 보여준 실력은 정말 놀랍다고밖에 할 수 없어요. 정말 대단합니다.

허　　　　이사님 말씀에 200% 공감합니다. 아시다시피 프랍 트레이더는 펀드 매니저나 재야 고수라고 불리는 사람들과는 여러 면에서 다르지 않습니까? 주식 투자로 수익을 낸다는 점은 같지만 프랍 트레이더는 하락장에서도 수익을 내거나 최소한 수익을 지켜야만 합니다. 정말 프로페셔널한 투자가인 것이죠. 때문에 프랍 트레이더는 일반 투자가들만큼 장기 투자를 하기 어렵고 최소한 6개월에서 1년 안에 성과를 내야 합니다. 일반인이 프랍 트레이더가 되기 위해서는 동물적인 감각이 있어야 한다고 생각하는 이유겠죠. 실제로 업계에서 꾸준히 수익을 내고, 오랫동안 일해 온 프랍 트레이더는 매우 드물잖아요?

전   그렇죠. 그런 점에서 보면 김진 부장이 프랍 트레이더로 20여 년을 근무하고 있다는 것 자체가 그의 실력을 증명한다고 보면 될 것 같습니다. 알다시피 프랍 트레이더는 일반적으로 매 기간 실적으로 평가받고 회사에 손실을 입혔을 경우 가차 없이 제외되기 때문에, 김진 부장처럼 장기간 프랍 트레이더로 자금을 운용하고 있다는 것 자체가 그가 지닌 실력과 내공을 말해주는 것이죠. 여의도 최강의 프랍 트레이더라는 말이 전혀 과찬이 아닙니다.

허   저는 증권업계에서 1999년부터 일했는데요. 제가 리서치센터에서 신입으로 있을 당시 지점 1등 브로커였던 김진 대리님이 리서치센터로 오게 되면서 인연이 시작되었습니다. 그 후 20년 동안 많은 조언을 받았습니다. 저는 김 부장님만큼 장수한 프랍 트레이더, 꾸준한 프랍 트레이더를 본 적도 들은 적도 없습니다. 이사님이 말씀하신 것처럼 프랍 트레이더는 그 성격상 오래하기도, 꾸준한 수익을 내기도 불가능합니다. 그런 면에서 정말 독보적인 분이죠. 김 부장님은 평소 언론이나 미디어에 얼굴을 자주 비추는 유명 인사는 아닌데요. 프랍 트레이더는 수익으로만 증명하면 된다는 그분의 평소 생각 때문인 것 같습니다.

<u>전</u>　　　이 책의 출간을 통해 김 부장도 일반 투자가들에게 널리 알려지지 않을까 싶습니다.

저는 이 책을 통해 일반 투자가들이 꼭 배웠으면 하는 것이 있는데요. 일반적으로 프랍 트레이더는 개별 주식에 매몰되지 않고 가능하면 자산 배분과 포트폴리오 운용에 집중하는 것이 특징입니다. 다양한 정보를 최대한 수집하고 분석하며, 손실위험 관리에 철저한 편이죠. 그래서 장기적으로 손실 관리에 강하고 안정적인 수익을 거둘 수 있는 것이고요. 이런 점은 일반 투자가가 꼭 배워두면 좋을 것 같습니다. 일반 투자가들이 취약한 부분 중 하나가 주식 투자에 감정을 개입하는 것인데 이렇게 되면 시장 흐름을 놓치기 쉽습니다. 주식 투자에서 고집은 이득보다는 손실을 유발하는 요인이기 때문이죠. 김 부장은 냉철하면서도 유연한 성향이기 때문에, 감정보다는 시장 흐름에 순응하고 자신의 오

류를 빠르게 수정하는 것이 강점입니다. 바로 이 부분이 독자가 얻을 수 있는 가장 큰 교훈이라고 생각합니다.

허   이 책을 접하는 일반 독자들과 펀드 매니저 혹은 프랍 트레이더는 투자하는 방법과 목표가 많이 다를 테지만, 저는 김진 부장님이 지닌 프랍 트레이더로서의 경험과 노하우를 꼭 배워야 할 필요가 있다고 생각합니다. 벤자민 그레이엄이나 워런 버핏 등 전설적인 투자 그루들의 경험과 책도 유익한 교훈을 주지만 그들은 외국의 펀드 매니저입니다. 하지만 김진 부장님은 한국 투자가로서 놓치면 안 되는 투자원칙과 방법, 위험관리 방법을 세세하게 말해주고 있습니다. 개인 투자가들의 투자 열풍이 이어지고 주식 투자가 일순간의 유행이 아닌 필수가 되는 시대에서 그의 투자원칙과 경험들은 일반인과 개인 투자가들이 생존형 주식 투자 노하우를 쌓는 데 크게 기여할 것이라고 확신합니다.

전   맞는 말씀입니다. 어쨌거나 주식시장은 자본주의가 존재하는 한 지속될 수밖에 없죠. 애플이나 테슬라와 같이 높은 성과를 안겨준 주식은 언제 어디서나 존재할 수 있습니다. 성급한 마음에 제대로 된 판단이나 분석도 없이 풍문에 주식을 매매하는 것은 피 같은 돈을 마냥 훈련비용으로 쓰는 꼴입니다. 매일매일 뉴스를 차분히 살펴보고 최근의 트렌드를 조금씩 이해한다면 제2의 테슬라 같은 주식은 또 다시 만날 수 있습니다. 기회가 없는 것이 아니라 그것을 볼 수 있는 혜안이 없을 뿐이죠. 조급한 마음에 조그마한 이익을 성급히 실현하기보다는 긴 호흡으로 주식을 바라볼 필요가 있습니다.

허　　　이 책의 내용들이 어떤 분들에게는 다소 소박(?)하게 다가올지도 모르겠습니다. 단기간에 높은 수익을 올리는 방법을 얘기하는 그런 유형의 책이 아니기 때문이죠. 물론 저자가 말하는 내용이 모든 사람들이 동일하게 적용할 수 있는 원칙들이 아닐 수도 있습니다. 그러나 조금이라도 체계적으로 주식 투자를 하면서 자기 나름의 원칙을 추구하는 분들에게는 매우 유용할 겁니다.

전　　　그렇죠. 자극적인 책이 아니라는 데 동의합니다. 그런 책이 너무 많이 나와 있어 독자의 선택을 어렵게 하는 것도 사실입니다.

허　　　주식 투자에 있어 완벽한 사람과 성격을 정의하는 것은 참 어려운 것 같습니다. 그런 면에서 김진 부장님은 흥분하지도 않고 결코 위축되지도 않는 성격의 투자가입니다. 원래 처음부터 그랬는지는 모르지만 그분 스스로 실패와 성공의 경험을 쌓아가고 반성하고 복기하는 과정에서 두려워할 시점과 용기를 내야 하는 시점을 점차 파악하게 된 것이 아닌가 합니다. 이 책을 통해 '냉정한' 저자의 원칙이 일반인들과 아직 주식 투자에 익숙하지 않아 두려움이 더 많은 개인 투자가들에게 오히려 '따뜻한' 조언의 역할을 하지 않을까 싶습니다.

전   '냉정한' 원칙이 '따뜻한' 조언을 한다니 아이러니하면서도 가슴 깊이 와닿는 것 같습니다.

허   한마디 더 덧붙이자면, 저는 이 책이 주는 가장 큰 교훈이라면 주변 전문가나 언론에서 이야기하는 신호가 아니라 '시장이 주는 신호에 귀 기울이라'는 조언이라고 생각합니다. 주식시장은 모든 정보가 모이는 살아 있는 곳입니다. 예컨대 저 같은 애널리스트들의 전망은 쉽게 틀립니다. 과거의 경험이나 논리를 통해 그 확률을 줄이기 위해 노력할 뿐이죠. 주식 투자에 실패하지 않기 위해서는 누군가의 조언이 아니라 시장이 주는 신호를 파악할 줄 알아야 합니다. 또한 주식은 사는 것보다 파는 것이 훨씬 더 중요하다는 저자의 조언은, 단순하지만 투자를 해 본 사람이라면 이 말이 얼마나 중요한지 모두 절실하게 느낄 겁니다. 저자의 말처럼 무엇을 사야 하는지보다 언제 팔아야 하는지, 지금은 견딜 시점인지 등에 더 노력을 기울인다면, 코로나 팬데믹 이후 변화된 시대에 일반인들의 주식 투자 열풍도 투기가 아닌 투자로 자리매김하게 될 것이라고 생각합니다.

전　　　좋은 말씀입니다. 지금과 같은 시기일수록 섣부른 수익에 취하지 말고 손실을 최소화하도록 로스컷을 철저히 지켜야 다음 기회를 노릴 수 있을 것입니다. 이런 관점에서 '프랍 트레이더 김진'의 스토리텔링이 담긴 이 책이 투자가들에게 큰 도움이 될 것이라 믿습니다.

허　　　저도 마무리하겠습니다. 주식 초보자들이 반드시 가져야 할 투자 습관이 있다면 주도주 중심으로 투자를 해야 한다는 점입니다. 저자가 책에서 지적했듯이 주도주는 당시 가장 많이 오른 기업이 아닙니다. 시대의 변화를 상징하는 주도주 중심으로 생각하고, 투자한다면 실패의 확률을 상당히 줄일 수 있다고 생각합니다. 아무쪼록 이 책을 통해 많은 분들이 도움을 받았으면 좋겠습니다.

CONTENTS

4장 프랍 트레이더의 리스크 관리   161

5장 프랍 트레이더의 실전 투자법   191

주식 투자 잘하는 사람들은
무엇이 다를까?

저는 올해로 20년 차 경력의 프랍 트레이더(prop trader)입니다. 주식을 제법 안다는 분들도 '프랍 트레이더' 혹은 '프랍 트레이딩'이라는 단어를 생소하게 여기는 경우가 적지 않은데요. 사전에서는 프랍 트레이딩을 '은행이 고객의 예금 및 신탁자산 외의 자체 자산이나 차입금 등의 자기자본으로 수익을 달성하기 위해 채권과 주식, 파생상품 등에 투자하는 것'이라 정의하고 있습니다. 간단하게 말하면 '기관에 소속되어 주식 투자로 수익을 구현하는 투자가'라고 말씀드릴 수 있겠네요.

지금까지 프랍 트레이더만 20년 정도 했으니 나름 이 바닥에서 꽤나 경력을 쌓았다고 할 수 있을 듯합니다(사실 아직 저보다 더 경력 많은 프랍 트레이더를 보지는 못했습니다). 자랑을 하려고 하는 건 아닙니다만 증권사 프랍 트레이더가 이렇게 오랫동안 롱런하는 경우는 많지 않습니다. 투자 환경의 제한도 많은 데다 주식 투자를 오랫동안 별다른 탈 없이 잘하는 것이 쉽지 않기 때문입니다. 그럼에도 저는 운 좋게 20년 이상 프랍 트레이더로 일할 수 있었습니다.

저에게 보통 사람들과는 다른 아주 특별한 재주가 있는 것은 아닙니다. 그저 할 수 없는 것에는 욕심내지 않고 할 수 있는 것에만 집중했기 때문에 전쟁터에 비유되는 주식시장에서 긴 시간을 버틸 수 있지 않았나 생각합니다. 2020년 코로나 이후 급변하는 글로벌 경제와 주식시장의 패러다임 속에서 많은 분들이 주식에 관심을 갖고 공부와 투자를 실천하고 계신데요. 이러한 모습을 보면서 지금껏 제가 쌓은 경험과 할 수 없는 것은 포기하고 할 수 있는 것에만 집중하면서 오랫동안 주식 투자를 즐길 수 있는 방법을 개인 투자가 여러분들과 공유하면 어떨까 하는 마음에 이 책을 쓰게 되었습니다.

● 주식 투자는 손실과의 싸움이다 ●

프랍 트레이더로서 기관에서 주식 투자를 했던 사람이 개인 투자가에게 어떤 조언을 하겠다는 걸까 의문을 가질 수도 있습니다. 당연한 생각입니다. 기관에서 회사 자금으로 주식 투자를 하는 것과 개인이 자신의 자금으로 투자하는 것은 그 성격과 목표, 선택할 수 있는 투자 방법 등 많은 부분에서 차이가 있기 때문이죠.

그런데 저는 지난 20년간 프랍 트레이더로서 일하면서 한 가지 깨달은 바가 있습니다. 그것은 '주식이라는 위험한 자산에 투자를 할 때, 위기 상황에서 큰 손실만 보지 않는다면 수익은 항상 따라온다'는 점입니다. 저는 지난 20년 동안 2002년 카드 사태, 2008년 미국발 금융위기, 2010년 유럽 재정위기 그리고 2020년의 코로나 팬데믹 등 굵직한 위기 상황을 온몸으로 경험했습니다. 그리고 다행스럽게도 이 모든 위기 상황에서 단 한 번의 손실도 기록하지 않았습니다(1년 기준). 당시 시점에 손실이 전혀 없었다는 의미가 아니라 지나고 보니 1년을 기준으로는 손실이 발생하지 않았다는 뜻입니다. 이처럼 위기 상황에서 손실을 방어하다 보니 제 운용 실적은 항상 좋은 결과로 이어졌습니다. 위기가 지나고 나면 결국 좋은 주식시장이 만들어졌기 때문입니다. 저는 그간 다수의 주식 투자가 분들이(개인 투자가 포함) 위기 상황에서 손실을 방어하지 못해 결국 투자 실패로 끝나는 상황을 너무나 많이 목격했습니다. 이런 과정을 통해 저는 '잃지 않으면 돈을 벌 수 있다'는 이 간단한 진리가 얼마나 중요한지 몸소 깨달을 수 있었습니다. 간단하지만 실천하기 쉽지 않은 이 명제를 독자 여러분들께 알기 쉽게 전달하고, 이러한 투자는 실제로 어떻게 가능한 것인지 제 경험을 통해 하나하나 알려드리기 위해 이 책을 집필하기로 마음먹은 것입니다.

사실 우리나라에서 프랍 트레이더 혹은 펀드 매니저들의 이미지는 그렇게 좋은 편이 아닙니다. 영화 〈부산행〉에서 주인공 석우(공유 분)의 직업이 펀드 매니저로 나오는데요. 이를 알게 된 상화(마동석 분)가 이렇게 말합니다. "아! 개미핥기?" 극장에서 이를 보던 저는 일순간 얼굴이 붉어졌는데요. 그만큼 그동안 우리나라 프랍 트레이더들이나 펀드 매니저들이 할 일을 제대로 하지 않았다는 반증이라 할 수도 있겠습니다.

하지만 기관 투자가에도 여러 종류가 있고 그 종류에 따라 운용하는 방식에도 정말 큰 차이가 있습니다. 그리고 지금도 여의도의 수많은 프랍 트레이더와 펀드 매니저들이 다양한 분야에서 밤낮 없이 노력하고 있다는 점도 알아 주셨으면 좋겠습니다.

그렇다면 기관 투자가들을 어떻게 구분할 수 있을까요? 우선 가장 대표적인 기관 투자가는 뮤추얼펀드 매니저입니다. 일반적으로 흔히 자산운용사에서 공모 주식형 펀드를 운용하는 펀드 매니저를 말합니다. 또한 이들과는 약간 다른 사모펀드 매니저들이 있는데요. 각종 사모펀드를 운용하는 기관 투자가를 말하며 흔히 헤지펀드 매니저로도 불립니다.

기관 투자가 중 '갑 오브 갑'이라고 할 수 있는 연금 투자가들도 있습니다. 주로 연금 회사에 소속되어 있는 프랍 트레이더들로서 운용 규모가 매우 크기 때문에 직접 운용하기도 하고 자산운용사에 위탁 운용을 맡기기도 하는데, 기관 투자가들 중에서는 소위 가장 '끗발' 있는 이들입니다. 마지막으로 은행이나 보험, 증권사 같은 금융기관에서 고객의 자금이 아닌 회사 고유 자금을 운용하는 저와 같은 프랍 트레이더들이 있습니다. 은행이나 보험의 경우에는 직접 운용도 많이 하지만 위탁 운용도 많이 하는데 증권사의 경우에는 직접 운용이 주를 이룹니다.

이처럼 같은 기관 투자가라 해도 다양하게 구분할 수 있는데요. 운용하는 자금의 성격이나 자금의 수익 목표가 다르기 때문에 운용하는 방식도 매우 큰 차이가 있습니다. 고객의 자금을 운용하는 경우에는 주목표가 시장 투자 수익률을 초과하는 것이기 때문에 투자 단계 중 포트폴리오 구성이 가장 중요합니다. 반면 저와 같은 프랍 트레이더들은 절대수익이 가장 중요하기 때문에 포트폴리오 구성보다는 자산 배분이 훨씬 더 중요합니다. 이에 관한 자세한 내용은 이후 2장에서 자세히 설명드릴 예정입니다. 주식형 헤지펀드들도 프랍 트레이더와 유사합니다(그래서 우리나라뿐 아니라 전 세계적으로 프랍 트레이더 출신들이 헤지펀드로 많이 옮겨 가기도 합니다).

제 생각에 절대수익이 가장 중요하다는 명제 때문에 프랍 트레이더나 헤지펀드의 투자법이 개인 투자가들에게는 보다 도움이 될 수 있는 투자법이라 생각합니다.

◉ 20년 차 프랍 트레이더에게서 얻을 수 있는 7가지 투자의 무기 ◉

이제 저와 같은 증권사 프랍 트레이더에 대해 좀 더 자세히 이야기해 보도록 하겠습니다. 책을 본격적으로 시작하기 전에 프랍 트레이더 이야기를 자세히 이야기하는 데는 이유가 있는데요. 프랍 트레이더의 직업적 특성과 그로 인한 투자의 특징, 장단점 등을 알게 되면, 개인 투자가 입장에서 이를 적절하게 자기 것으로 만들 수 있기 때문입니다.

앞서 말한 것처럼 프랍 트레이더는 금융기관의 고객 자산이 아닌 회사의 자산 즉 고유자산을 운용하여 수익을 내는 일을 합니다. 그렇기 때문에 그 돈으로 주식에 투자할 때 꼭 고려해야 하는 특징들이 있습니다. 우선 1년 기준으로 결코 손실을 내서는 안 됩니다. 특히 증권사는 더더욱 그렇습니다. 증권 회사는 주식시장의 시황에 따라 실적 변동이 큰 금융기관입니다(최근에는 그 변동 폭이 많이 줄어들었지만 아무래도 증시가 좋을 때 증권사 실적 역시 좋은 편입니다). 주식시장이 활황을 보일 때는 대체적으로 증권 회사의 실적이 좋습니다. 그렇기 때문에 고유자산에서 수익을 많이 내지 못하더라도 전반적으로 좋은 실적을 기록합니다. 그런데 주식시장이 좋지 못한 해에는 실적이 많이 감소하는 경향이 있습니다. 그런데 고유자산 운용 부서에서 시장이 하락했다는 이유만으로 대규모 손실을 낸다면, 그것이 벤치마크 지수를 훨씬 초과한 결과라 할지라도 회사에 부정적으로 주는 영향이 매우 큽니다.

예전에 모 회사에서 제가 1,000억 원 정도를 운용할 때였습니다. 그해 주식시장이 좋아서 제가 250억 원 정도의 수익을 낸 적이 있었는데요. 당시 회사 순익은 2,000억 원이 넘었습니다. 제가 설령 250억 원의 수익을 내지 못했다 하더라도 크게 문제가 되지는 않았을 것입니다. 그런데 금융위기가 있었던 2008년에는 이야기가 달랐습니다. 당시에도 저는 약 1,000억 원 정도를 운용하고 있었는데 회사는 약 500억 원 정도의 순익을 기록했습니다. 시장 하락률이 20%가 넘었던 해이니 제가 시장 수익률보다 아웃퍼폼(outperform, 시장 수익률보다 좋은 투자 수익률)하면서 10% 정도의 손실을 기록했더라도 100억 원 넘게 손실을 기록했을 것입니다. 그리고 이는 회사 전체 이익의 5분의 1을 까먹는 결과가 됩니다. 시장보다 선방했다고 해도 회사에는 역적 아닌 역적이 되는 것입니다. 이렇다 보니 증권사 프랍 트레이딩 부서의 가장 큰 특징 중 하나는 회사에 긍정적인 영향보다는 부정적인 영향을 더 크게 준다는 점입니다. 그렇기 때문에 '시장이 어떻게 진행이 되건 1년 기준으로 대규모 손실을 기록해서는 안 된다'라는 절대 명제가 존재합니다. 단 반대로 시장이 좋기 때문에 시장 수익률을 초과하는 대규모 수익을 거둘 필요까지는 없습니다.

두 번째 특징은 1년 이상의 장기 투자가 되지 않는다는 점입니다. 워런 버핏의 투자론 중 핵심은 '복리 효과'입니다. 그런데 안타깝게도 증권사 고유 계정은 '시가평가'라는 회계상 제한 때문에 1년 이상으로는 복리 효과를 거둘 수가 없습니다(시가평가란 연말 가격 기준으로 다음 해 주식의 취득가가 변하는 것을 말합니다). 주식 투자에서 가장 좋은 투자 방법이라고 할 수 있는 장기 투자가 구조적으로 불가능한 구조라는 것이지요. 증권사 프랍 트레이더는 이처럼 ① 1년 이상의 장기 투자가 불가능하며, ② 1년 기준으로 손실은 최대한 없어야 하고, ③ 꼭 주식 투자를 통해 대박을 낼 필요는 없는 그런 환경에서 투자를 하고 있습니다.

어떤가요? 다른 기관 투자가들에 비해 프랍 트레이더만의 독특한 투자 환경이나 목표가 느껴지시나요? 그리고 이런 프랍 트레이더의 독특한 환경이나 목표는 개인 투자가들의 투자 목표와 상당히 닮아 있지 않나요? 바로 이러한 이유 때문에 프랍 트레이더만의 경쟁력을 개인 투자가들이 적절하게 '이식' 받을 수 있다면 투자의 내공이 쌓일 것이며 그에 따른 결과는 분명 달라질 수 있다고 확신합니다.

앞에서 '주식이라는 위험한 자산에 투자할 때는 위기 상황에서 큰 손실만 보지 않는다면 수익은 항상 따라온다'라고 말씀드린 바 있는데요. 바로 이것, 시장이 아무리 좋지 않더라도 손실을 제한적으로 유지할 수 있는 방법을 알게 된다면 평생 동안 '행복한 주식 투자'가 가능합니다. 제가 20년간 프랍 트레이더로 일하면서 경험했고 입증한 것이 바로 이 명제이기도 합니다.

부디 이 책을 통해 손실을 제한적으로 가져가면서 수익을 거둘 수 있는 방법을 배워 보시기 바랍니다. 단기간에 일확천금을 노리는 투자가가 아니라면 결코 후회 없는 선택이 될 것이라 믿습니다.

이 책은 7가지 무기라는 제목처럼 7가지 핵심 테마를 다룰 예정입니다. 첫 번째는 주식 투자를 하기 전 반드시 생각하고 넘어가야 할 목표 설정에 관한 이야기를 할 것입니다. 두 번째는 실제 투자 과정에서 가장 중요한 투자의 3단계, 즉 자산 배분, 포트폴리오 관리, 매매 과정에 대해 짚고 넘어가겠습니다. 세 번째는 실전 투자 상황에서 적절한 포트폴리오 관리 방안이 무엇인지 설명할 예정입니다. 네 번째로 시장의 추세를 이해하는 법에 대해 설명하고, 다섯 번째로는 이 시장의 추세 안에서 시장의 핵심이라고 할 수 있는 주도주에 대해서 이야기하겠습니다. 여섯 번째로는 주식을 사고파는 시그널이 되는 변곡점에 대해서 다루고, 마지막 일곱 번째로 리스크 관리에 대해 정리하도록 하겠습니다.

한 주제를 가지고도 책 한 권을 쓸 수 있는 내용이지만 최대한 이해하기 쉽고 핵심적인 부분만 압축해서 정리하려고 노력했습니다. 투자를 오래 경험하면 할수록 더욱 와닿는 이야기가 될 수 있도록 그래서 독자 여러분께서 투자하는 동안 수시로 훑어볼 수 있는 그런 책이 되기를 바라는 마음으로 내용을 구성했습니다.

이 책은 예전에 제가 다니던 회사에서 직원들을 대상으로 교육 프로그램을 만들면서 구성했던 내용이 근간이 되었습니다. 당시 처음으로 제대로 된 교육과정을 만들어 보겠다고 애쓸 때부터 큰 도움을 주었고 항상 친형 이상으로 저를 챙겨 주신 유안타증권의 주형이 형, 새로 옮긴 직장에서 책을 출간할 수 있도록 배려해 주신 하나금융투자 S&T그룹장 홍용재 전무님, 하나금융투자 주식본부장 차기현 전무님, 글로벌마켓 운용실 이동혁 실장님께 감사의 인사를 전합니다. 과거의 연으로 이 책의 추천사까지 써주신 (전)균이 형, 그리고 (허)재환이에게도 감사의 인사를 드립니다.

이 책이 출간될 수 있도록 항상 저의 등짝을 스매싱해 주신 박수인 메이크잇 대표님과 강홍보 센터장님께 무한한 감사함을 느낍니다. 마지막으로 나를 계속 존재하게끔 해 주는 나의 가족, 박호순 여사님, 벌써 30년 가까이 저를 챙기느라 고생이 많은 서지 엄마 윤혜영 씨 그리고 말 잘 듣는 모범생 고딩 김서지 양에게 감사하다는 말과 저의 무한한 사랑을 보내드립니다.

김진

1장

사람들은 왜
주식을 살까?

왜 주식 투자를
해야 할까?

1

최근 개인 투자가들의 투자 열풍이 불고 있습니다. 동학 개미 운동이라 불리면서 새로운 투자의 붐이 일어나고 있음을 업계 종사자로서 피부로 느끼고 있는 요즈음입니다. 그렇다면 현재 이런 개인 투자가들의 주식 투자 붐은 과연 일시적인 현상일까요?

이에 대한 답을 찾기 위해 잠깐 대한민국 재테크의 역사를 되돌아보도록 하겠습니다. 대한민국에서 1997년까지 국민들에게 가장 효과적인 재테크 수단은 바로 '저축'이었습니다. 1997년까지 우리나라는 국가가 국민들로 하여금 저축을 강력하게 독려했고 이렇게 모인 돈을 기업에 끊임없이 공급하는 나라였습니다. 그리고 이 돈을 바탕으로 우리나라의 기업들은 고도성장을 이룩할 수 있었습니다.

"손에 쥐면 쓰기 마련, 저축하면 늘기 마련", "하루 위해 낭비 말고 백년 위해 저축하자"

80년대에 초등학교 시절을 보낸 분들이라면 어릴 적에 한 번쯤은 들어본 적이 있었을 법한 저축 관련 표어들일 텐데요. 기업이 고도성장을 하기 위해 자금 수요가 왕성하던 시기였고 국가가 저축을 독려하는 시기였기 때문에 은행 금리 역시 굉장히 높았습니다. 드라마 〈응답하라 1988〉을 보면 덕선이 아빠(성동일 분)가 한일은행에 근무한다는 설정인데, "은행에 적금을 들어라, 그러면 일 년에 18%씩 따박 따박 이자가 들어온다"라고 말합니다. 이자가 18%라니…. 지금 상황에서는 정말 말도 안 되는 금리입니다. 아무튼 1997년까지 우리나

● 어마어마했던 70~80년대의 은행 금리

라 국민들은 은행에 저축하면서 부를 축적할 수 있었고 그래서 딱히 재테크의 기술이 필요하지 않았습니다. 부지런히 일해서 은행에 돈만 맡겨 놓으면 되었다는 말입니다.

◉ 1997년 이후, 재테크의 패러다임이 바뀌다 ◉

이러했던 국민들의 재테크에 대한 패러다임이 통째로 바뀐 사건은 바로 1997년의 외환위기, 즉 IMF였습니다. 국민들이 열심히 만들어 준 자금을 바탕으로 고도성장을 이루었으나 성장이 한계에 부닥친 기업들이 무리한 확장을 하게 되었고 이것이 한계에 봉착하면서 국가 전체의 부도가 발생하게 된 사건입니다. 항상 위기가 전체의 패러다임을 바꾸듯이 이 외환위기를 기점으로 우리나라 기업들의 경영방식이나 기업의 평가 방법이 180도 바뀌어 버립니다. 기업 평가의 척도가 '성장'이 아니라 '안정'이 된 것입니다. 이때가 바로 제가 신입사원으로 처음 주식시장에 입문하던 시기였는데요. 당시 기업 분석의 첫 번째 고려 사항은 바로 '부채 비율'이었습니다(한마디로 망하지 않을 회사를 찾는 것이었습니다). 자금 흐름이라는 측면에서 생각해 보면 각 기업들의 경영방식이 성장에서 안정으로 바뀌게 된다는 것은 그만큼 자금 수요가 감소한다는 것을 의미합니다. 때문에 당연히 금리는 지속적으로 내려가게 되었고 일반 서민 입장에서도 저축이라는 재테크의 패러다임이 바뀔 수밖에 없었습니다. 믿고 맡겼던 은행이 IMF를 거치면서 부도가 나 믿을 수 없게 되었고 금리는 지속적으로 내려갔으니까요.

국가에서도 국민에게 그리고 가계라는 경제활동 주체에게 더 이상 저축을 독려하지 않았습니다. 오히려 그보다는 소비를 독려했지요. 이 소비 독려에 대한 가장 강한 부작용이 바로 2000년대 초반의 카드 사태였고 이때부터 재테크의 핵심 요소로 등장한 것이 바로 부동산이었습니다. 물론 1970년대부터 부동산은 주요 투자 수단이었습니다. 하지만 1997년 이전까지는 일부 적극적인 투자가들 중심으로 부동산 투자가 활성화된 시기였다면, 2000년대 초부터는 범국민적인 부동산 투자가 시작되었다고 할 수 있습니다. 이는 금리가 급격하게 하락하는 상황에서 나타날 수 있는 당연한 흐름이라고 하겠습니다. 은행 역시 이런 부동산 투자 흐름에 발맞춰 부동산 대출을 적극적으로 늘리기 시작했고, 개인과 가계가 낮은 금리에

* '지렛대'를 의미하며 다른 이의 자본을 지렛대처럼 이용하여 자기 자본의 이익률을 높이는 것을 뜻한다.

높은 레버리지(leverage)*를 쓸 수 있는 상황이 되었으니 부동산이 오르지 않을 수가 없었습니다. 물론 2000년대 이후 증시 역시 좋은 상승 흐름을 보였습니다만 국민들의 주된 재테크 수단으로까지 부각되지는 못했습니다. 왜냐하면 부동산이 지속적으로 오르는 상황에서 주식시장은 부동산이 주는 여러 가지 부수적인 효용을 줄 수 없었기 때문입니다. 이렇게 해서 거의 20년이라는 기간 동안 부동산 투자의 시대가 열렸던 것입니다.

그리고 마침내 부동산 재테크의 시대가 저물어 가고 있는 것이 보입니다. 부동산에 종사하는 분들이라면 결코 인정하지 않을지도 모르겠네요. 하지만 제가 이런 생각을 하는 가장 주된 이유는 부동산이 국민의 재테크 수단으로 자리 잡을 수 있게 만들었던 가장 핵심적인 요인 중 하나였던 '레버리지'가 이전보다 더욱 강력하게 제한받기 시작했기 때문입니다. 부동산이라는 자산은 구조적 성격상 대부분 큰 규모의 자금을 필요로 합니다. 그렇기 때문에 부동산 투자에 있어 레버리지(대출)는 반드시 필요한 수단인데 현재 한국에서는 부동산 레버리지의 제한이 그 어느 때보다 강력해지고 있습니다. 결과적으로 부동산 재테크는 이제 자금에 여유가 있는 자산가들만의 게임으로 다시 바뀌고 있는 것입니다.

여기서 잠깐 기업과 일자리 이야기를 추가해 보겠습니다. 앞서 1997년의 외환위기 사태 전까지 우리나라 기업들의 고도성장은 어마어마한 노동력을 필요로 했습니다. 학교를 졸업하기 전에 최소한 3~4군데에 입사를 확정 짓고 골라서 갔을 만큼 일자리가 풍족했던 시기였지요. 하지만 외환위기 이후 우리나라 기업들의 노동력 수요는 점차적으로 감소하기 시작했고, 여기에 자동화와 정보통신 기술의 발달로 노동력의 수요는 구조적으로 감소할 수밖에 없었습니다. 그리고 이런 노동력 수요의 감소는 구조적으로 자리 잡으며 앞으로 특별히 개선되기를 기대하기가 어렵게 되었습니다. 그만큼 임금을 통한 소득의 불안정성이 높아진 시기라 하겠습니다. 게다가 최근에는 계약직 형태의 노동 계약이 늘어나는 추세라 고용의 불안정성 역시 매우 높아지고 있습니다.

이제 우리는 주 재테크 수단의 제한이 전례 없이 강해지고 노동을 통한 소득도 그 어느 때보다 불안한 세상에서 살고 있는 것입니다.

● 부동산에서 주식으로 바뀌는 재테크의 축 ●

최근 벌어지고 있는 개인 투자가들의 주식 투자 열풍을 이해하기 위해 1980년대의 금리 이야기부터 1997년 외환위기, 2000년대의 부동산 투자 열풍까지 지난 역사를 되돌아보았는데요. 결론적으로 지금의 우리 사회는 고용의 불안정성이 그 어느 때보다 높아져 임금 소득으로 현재의 삶을 영위하고 노후를 대비하는 것이 지극히 어려워진 상황입니다. 더욱이 레버리지가 제한되면서 '부동산 불패 신화'마저 흔들리고 있기 때문에 사람들이 주식에 관심을 갖게 된 것은 어쩌면 당연한 일입니다. 이는 결코 일시적인 현상이 아닌 구조적인 현상으로 보아야 합니다.

또 하나의 구조적인 변화가 감지됩니다. 지난 2020년 미국 잭슨홀 미팅*에서 미국의 연방준비제도 이사회(FRB, 이하 연준)**는 아주 큰 변화를 발표했습니다. 평균 물가 목표제라는 것을 새롭게 소개한 것이 그것인데요. 이는 당시 경제 뉴

* 미국 연방은행인 캔자스시티 연방은행이 매년 8월 주요국 중앙은행 총재 및 경제 전문가들과 함께 와이오밍 주의 휴양지인 잭슨홀에서 개최하는 경제 정책 심포지엄으로, 당해 연도의 주요 주제에 대해 중앙은행이 어떻게 정책적으로 접근해야 하는지에 대한 논의가 이루어지기 때문에 세계의 통화 정책 기조를 파악할 수 있다.

** 미국의 통화 정책을 총괄하는 기구이며 페드(Fed)로도 불린다.

스에서도 대서특필될 정도로 획기적인 변화였습니다. 원래 선진 중앙은행의 궁극적인 목표는 '완전고용'과 '물가안정'이었습니다. 그리고 오랜 시간 동안 미 연준은 '인플레이션 파이터'로 불리웠습니다. 그런데 '인플레이션 파이터'인 연준이 평균 물가 목표제를 발표함으로써 그들의 궁극적인 목표인 '물가안정'을 일정 수준 포기하기로 한 것입니다.

'물가안정'이라는 목표를 포기하게 된 결정적인 이유는 무엇일까요? 물론 가장 큰 이유는 코로나로 인한 세계 경제의 충격이 심각하기 때문입니다. 경제의 회복을 위해 낮은 금리를 유지함으로써 어느 정도의 물가 상승은 용인하겠다는 의미입니다. 하지만 이보다 더 궁극적인 이유가 있습니다. 전 세계 경제는 지난 3~4년간, 즉 코로나로 인한 팬데믹 상황이 오기 훨씬 이전부터 경제가 성장하는 만큼 물가가 상승하지 못하는 구조적인 저물가 상황에 놓여 있었습니다. 실제로 경제가 건강하게 성장하고 있는 상황에서도 물가는 이전과 같은 상승을 보이지 못했던 것입니다. 즉 2015년 이후로 선진 경제는 구조적인 물가 저성장의 국면에 놓이게 되었고, 이 구조적인 문제에 팬데믹이라는 전 세계적인 경제 위기가 닥치면서 미 연준은 어쩔 수 없이 '인플레이션 파이터'라는 자신의 역할을 포기하기에 이른 것입니다.

즉 앞으로는 장기간에 걸쳐 아주 낮은 수준으로 금리가 유지될 수밖에 없으며, 한국을 포함한 선진국의 금리는 과거 어느 시기와 비교해서도 매우 낮은 수준에서 머물 것입니다. 그것도 구조적으로 말입니다. 구조적으로 이렇게 낮아진 물가 상황에서 개인들이 취할 수 있는 적절한 투자처는 주식 외에는 그다지 많지가 않습니다.

세상은 이렇게 변화하고 있습니다. 이렇게 구조적으로 달라지는 세상 속에서 예전처럼 부동산만 바라볼 것인가 아니면 지금이라도 주식 투자를 해야 하는가? 고민하는 것은 어쩌면 무의미한 질문일지도 모릅니다. 한 방에 인생을 바꿀 수 있는 도박과 같은 투자처로 주식시장을 바라보는 것이 아니라면 이제 '주식 투자 계좌'는 지금까지의 '은행 계좌'가 그랬던 것처럼 삶을 살아가는 데 있어 필수적인 재테크 수단이 될 것입니다. 나이와 직업, 성별과 학력 그 무엇과도 상관없이 말입니다.

2

주식 투자, 목표부터 설정하라

주식 투자는 분명히 쉽지 않은 일입니다. 특히 주식 투자가 어려운 이유는 뚜렷한 '정답'이 없는 일이기 때문입니다. 저는 종종 신입사원들에게 주식 투자 교육을 하는데요. 이때 가르치는 과목 중 하나가 '유망종목 선정 기법'인데, 아이러니한 말이지만 이 강의를 시작할 때면 저는 항상 "유망종목 선정 기법이란 것은 없다"라는 말로 시작합니다. 독자 여러분도 한번 생각해 보시기 바랍니다. 유망종목을 선정하는 기법이란 것이 있다면 주식시장의 투자가들은 항상 비슷한 결론을 내릴 것이고 그렇다면 주식은 거래가 되지 않을 것입니다. 저는 유망종목 선정 기법이란 없다는 이야기를 하고 나서 항상 이런 질문을 던집니다. "그렇다면 주식은 왜 거래가 될까요?"

◉ 주식은 왜 거래가 될까? ◉

"주식이 왜 거래가 될까?"라는 질문을 던지면 무척 다양한 답이 나오는데요. 가장 많이 나오는 답 중 하나가 바로 '지식의 차이'라는 것입니다. 만약 이것이 정말로 주식 거래의 가장 큰 이유라면 즉 주가에 어떤 정답이 있는데 누군가는 오답을 내고 누군가는 정답을 내는 과정에서 거래가 되는 것이라면 가장 큰 차이는 지적 수준의 차이, 다시 말해 정보의 차이가 된다고 볼 수 있습니다.

그런데 과연 그럴까요? 이것이 주식 거래의 진짜 이유라면 주가의 정답을 학문적으로 도출하는 데 익숙한 유명 대학의 경영학과에서 투자론을 강의하는 교수님들이 항상 주식 투자의 승자가 되어야 하지 않을까요?(하지만 현실에서 이런 경우는 극히 드뭅니다.) 심지어 노벨 경제학상 수상 경력의 펀드 매니저를 보유한 헤지펀드가 망하는 경우도 있었습니다(LTCM 사건).

그렇다면 주식은 왜 거래가 되는 것일까요? 제 대답은 '사람이 모두 다르기' 때문입니다. 사람의 성격이 다르고 사람마다 투자 환경이 다르기 때문에, 투자금의 규모가 다르고 목표가 다르고 감당할 수 있는 리스크의 정도가 다르고 주식시장을 통해 이루고자 하는 목표가 다 다르기 때문에, 어떤 이에게는 팔아야 하는 주식이 어떤 이에게는 사야 하는 주식이 되기 때문에 결국 주식이 거래된다는 말입니다.

예를 한번 들어 보겠습니다. A라는 사람과 B라는 사람이 있습니다. A라는 사람은 얼마 전 회사에서 실직한 뒤 받은 퇴직금으로 주식 투자를 하는 사람입니다. 이 사람의 투자 목표는 주식 투자를 통해

LTCM 사건

LTCM은 존 매리웨더라는 살로먼 증권 채권 차익거래팀장이 만든 헤지펀드입니다. LTCM은 쇼율즈라는 옵션 가격 결정 모형으로 노벨 경제학상을 받은 사람이 참여하면서 월가의 이목을 끌었습니다. 1993년부터 1997년까지 연 28~59%의 고수익을 거두면서 1997년에는 총 자산이 25억 달러까지 불어나게 됩니다. 하지만 1998년 러시아의 모라토리엄 선언으로 인해 LTCM은 붕괴 위기에 놓였으며, 이들의 파생상품 규모가 무려 1조 2,500억 달러에 달해 세계적 은행들을 파산 위기로까지 몰고 가기도 했습니다. 우리나라에서는 이 사건을 다룬 《천재들의 실패(로저 로웬스타인, 한국경제신문사, 2009)》라는 책에서 소개되었습니다.

생활비를 버는 것입니다. 반면 B라는 사람은 선친으로부터 아주 큰 돈을 상속받았습니다. 금리가 너무 낮아서 유산으로 받은 자산의 일부를 주식에도 투자하고 있습니다. A라는 사람이 미래 가치가 좋은 기업의 주식을 샀는데 1주일 만에 20%의 수익이 발생했습니다. A라는 사람의 입장에서는 어떻게 해야 할까요? 이익 실현을 하는 게 좋을 것입니다. 생활비를 벌기 위해 현금화를 해야 하니까요. 그런데 B라는 사람도 이 주식에 관심이 많습니다. 그런데 이 사람은 이 주식을 아주 오랫동안 보유할 생각입니다. 그렇다면 1주일 동안 20%의 주가 상승을 보인 것은 주식을 매수하는 데 크게 문제가 되지 않을 것입니다. 그래서 똑같은 주식임에도 A라는 사람은 주식을 팔고 B라는 사람은 주식을 사는 일이 벌어지는 것입니다.

생각해 보면 이 두 사람의 거래에서 정답은 없습니다. 그저 자신의 투자 환경에 가장 적절한 전략을 취하는 것뿐입니다. 그리고 이것이 제가 생각하는 주식이 거래되는 이유입니다. 모두 자신의 환경에 맞는 정답만이 존재할 뿐입니다. 주식 거래나 주식 투자에 정답은 없다, 각자 상황에 맞는 정답만이 존재할 뿐이다라는 이야기를 다시 한번 강조하고 싶습니다.

● 주식 투자의 목표를 설정하라 ●

앞에서 주식이 거래되는 이유를 생각해 보았습니다. 주식이 거래되는 이유가 사람마다 다르기 때문이라면 성공적인 주식 투자를 위해서 우리는 무엇을 해야 할까요? 무엇이 가장 중요하겠습니까? 주식 투자를 위한 기본적인 지식을 아는 것도 중요하지만 그보다 더 중요한 것은 자기 자신을 잘 이해하고 '자신에게 맞는 목표를 설정하는 것'입니다. 그래야 무엇을 할 것인지 파악할 수 있기 때문입니다. 다른 말로 표현하자면 나만의 정답을 구체화하는 것이라고 할 수 있겠습니다.

제가 평소 후배들에게 가장 많이 하는 말이 있습니다.

"지금 당신들이 가진 지식이나 정보는 부족하지 않다. 그렇기 때문에 각자 자신의 상황에 맞는 목표를 설정하고, 그 목표에 맞게 일관된 투자를 한다면 주식 투자는 반드시 성공할 수 있다" 그리고 "만약 주식 투자에 성공하지 못했다면 그것은 목표를 지나치게 높게 잡았거나, 아니면 설정한 목표를 이루기 위해 일관된 방법을 쓰지 않았기 때문"이라는 말도 잊지 않습니다.

주식 투자를 통해 기대할 수 있는 수익을 그래프로 표현하면 3개

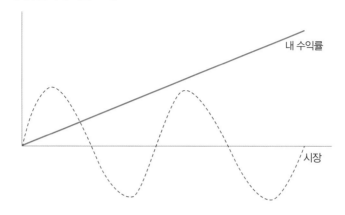

정도로 압축할 수 있습니다. 지금부터 저는 이 3가지의 수익률 그래프에 대해서 설명할 것이고 프랍 트레이더로서 추구하는 수익률 그래프도 소개할 예정입니다. 그런 후 다음 장부터는 이러한 수익률 그래프를 달성하기 위한 방법들을 차근차근 풀어 보도록 하겠습니다. 그리고 그동안 여러분의 투자는 어떠했는지 그리고 여러분의 투자 목표는 실제로 어떤 목표인지 비교해 보시면 좋겠습니다.

첫 번째 그래프는 주식시장이 오르고 내리는 것과는 상관없이 꾸준하게 계속 수익을 내는 것을 의미하는 것으로 아마도 가장 이상적인 그래프일 것입니다. 결론부터 말씀드리면 저는 이런 그래프를 목표로 투자하지 않습니다. 이유는 간단합니다. 제 수준에서는 할 수가

● ② 두 번째 수익률 그래프

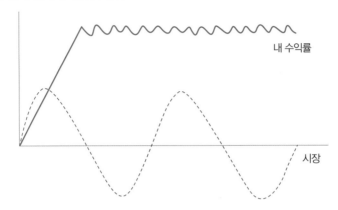

없기 때문입니다. 특히 선물 옵션을 하지 않고 주식 투자를 주로 하는 개인 투자가라면 이렇게 하기가 더더욱 어려운 일입니다. 왜냐하면 주식시장의 오르내림과 상관없이 늘 오르는 주식을 골라서 보유해야 하기 때문입니다.

저와 같은 전문 투자가들은 이런 수익률 그래프를 만들어 보겠다고 매수 포지션인 Long position뿐 아니라 대차매도 즉 매도 포지션인 Short position을 사용하거나 선물 옵션 등의 파생상품을 이용합니다. 하지만 주식시장의 오르내림과 상관없이 꾸준히 오랜 기간 동안 지속적인 우상향 곡선을 만들어 내는 것에 성공하는 사람은 거의 보지 못했습니다. 그만큼 불가능에 가까울 정도로 어렵고 방법적으로도 다양한 투자 방식이 필요하기에 저는 애초에 이런 수익률 곡선

　　　　　　　　　　　　　주식 투자 잘하는 사람들의 7가지 무기

은 꿈에도 꾸지 않습니다. 그냥 꿈의 수익률일 뿐입니다.

두 번째 그래프는 아마도 주식 투자를 통해서 대박 성공 신화를 거둔 사람들의 수익률 그래프일 것입니다. 한 방에 정말 높은 수익률을 거두는 경우입니다. 가끔 정말 엄청난 성공 신화를 거둔 사람들의 이야기를 들어 보면 결국 향후 어느 정도의 손실을 보더라도 큰 문제가 되지 않을 만큼의 고수익을 한두 해에 거뒀던 경우가 가장 많았습니다(100% 정도가 아닌 1,000%, 5,000% 이상의 수익을 거두는 것입니다). 이렇게 큰 성공을 거둔 이후에는 때로 손실을 보기도 하고 때로 수익도 볼 때도 있지만 초기 수익이 너무 높기 때문에 자산에는 거의 문제가 되지 않습니다. 솔직히 그 이후의 투자는 그냥 취미 생활인 경우가 많으며, 그래서 그렇게 주변 사람에게 큰 도움이 되지 않는 경우가 많습니다. 아쉬운 점은 이미 돈을 많이 번 사람은 이후의 손실로 아프지 않은데 그것을 따라 한 사람은 실패할 경우 너무나 아프다는 점입니다.

투자를 하는 사람이라면 누구나 꿈에 그리는 그런 수익률이지만 이런 수익률 역시 저는 목표로 삼고 있지 않습니다. 왜냐하면 이런 고수익을 거두기 위해서는 아주 높은 수준의 위험을 감내해야 하는데 제 개인적인 성향은 물론 프랍 트레이더라는 직업의 환경에도 맞지

● ③ 세 번째 수익률 그래프

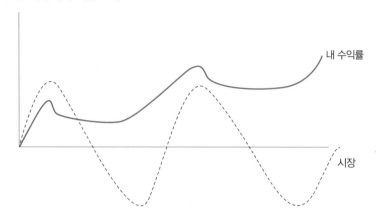

않을뿐더러 이와 같은 높은 수익을 거두기 위해서는 상당한 '운'도 필요하기 때문입니다. 결코 현실적으로 잡을 수 있는 목표가 아닙니다.

　이번 그래프는 제가 추구하는 수익률 그래프입니다. 증시가 좋을 때는 수익을 내야 합니다. 하지만 그 수익이 반드시 주식시장의 수익률을 크게 초과할 필요는 없습니다. 가장 중요한 것은 '증시가 좋을 때는 수익을 내고 주식시장이 좋지 않을 때는 손실을 보지 않는 것'입니다. 물론 단 한 번의 손실도 안 볼 수는 없습니다. 하지만 극히 작은 손실 수준으로 제어할 수만 있다면, 그리고 이런 수익과 제한된 손실의 과정을 주식시장의 오르내림의 사이클과 함께 계속 반복해 나간다면 결국 주식시장의 평균 수익률을 초과해 결과적으로 높은 수익을 얻게 됩니다. 이것이 제가 항상 목표로 하는 투자 수익률이고, 노력한다면 개인 투자가들도 충분히 성취할 수 있는 수익률이라고 생각합니다.

제가 이런 수익 곡선을 만들기 시작한 시점은 대략 2006년 정도부터였던 것 같은데요. 지금까지 계산해 보면 대략 연평균 12~15% 정도의 수익을 거뒀던 것 같습니다. 물론 매해 12~15%의 수익을 거뒀던 것은 결코 아닙니다. 어떤 해는 수익을 내지 못해 고생했지만 큰 손실은 보지 않았고 어떤 해는 20~30%의 수익을 내기도 하면서 연평균 12~15% 정도의 수익을 낼 수 있었습니다. 그리고 이 정도의 수익이라면 일반적인 주식 투자가로서 충분히 만족할 만한 것이라고 생각합니다. 감수한 위험에 비해서도 그렇거니와 지금의 시중 금리를 생각해서도 말입니다.

참고삼아 다음 그래프를 한번 볼까요? 주식시장에서 가장 많이 볼 수 있는 실패한 수익률 그래프입니다. 전형적으로 수익이 날때는 덜 나고 손실이 발생할 때는 시장과 똑같이 하락하면서 나오는 현상입니다. 자세히 보면 우리가 목표로 삼은 수익률 그래프와 정확히 반대되는 형태임을 알 수 있습니다. 여러분의 수익률 그래프가 결코 이런 모습을 보여서는 안 될 것입니다.

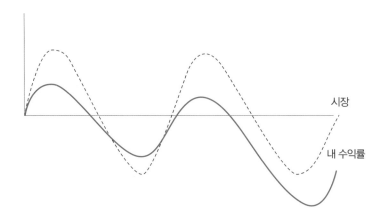

시장

내 수익률

    이 책은 세 번째 수익률 그래프를 만들 수 있는 방법들로 구성될 것입니다. 20년 넘게 업으로 삼아온 전문가의 영역이니 어렵지 않을까 생각할 필요는 없습니다. 독자 여러분의 생각보다 훨씬 쉽고 누구나 따라 할 수 있는 일입니다. 지금까지 제가 보아 온 주식 투자의 실패 사례는 대부분 앞의 첫 번째 그래프나 두 번째 그래프와 같은 수익률을 목표로 했다가 결국은 마지막 그래프처럼 되어 버리는 경우가 많았습니다. 욕심을 낮추고 세 번째 그래프와 같은 주식 투자 목표를 정한 다음 이 목표를 위해 흔들리지 않고 일관성 있게 투자한다면 여러분도 충분히 해낼 수 있습니다. 우리는 이제 가장 중요한 첫 단추라고 할 수 있는 주식 투자를 위한 목표를 구체적으로 설정한 것입니다.

3

나 자신을
잘 이해하라

앞서 주식 투자에는 절대적인 정답이 없으며 각자의 상황에 맞는 정답만이 존재한다고 말했습니다. 더불어 각자의 정답을 찾아가는 과정에서 각자가 가장 잘할 수 있는 방법을 일관되게 적용하는 것이 중요하다고도 설명했습니다.

각자가 가장 잘할 수 있는 방법을 일관되게 적용하기 위해서 가장 먼저 필요한 일은 자기 자신을 잘 이해하는 일일 것입니다. 투자의 세계에서 자기 자신을 잘 이해하는 것은 일상생활에서 자기 자신을 잘 이해하는 것과는 분명히 다른 개념입니다.

지금부터 투자의 세계에서 자기 스스로를 이해하는 과정에 대해 한번 생각해 보도록 하겠습니다.

● 나의 투자 환경을 잘 이해한다 ●

사실 누구나 다 아는 사실입니다. 그래서 뭔가를 꼭 명시할 필요까지는 없을 듯하지만 투자를 시작하기에 앞서 한 번 정도는 꼭 고민해 보았으면 하는 부분입니다. 내가 투자를 하는 이유가 과연 무엇인가? 이 질문에 스스로 답해 보시고 주식 투자를 시작하시면 좋겠습니다. 필자처럼 기관 투자가로 일을 시작하는 사람이라면 내가 운용하게 될 펀드가 일반 주식형 펀드인지 아니면 사모펀드인지 아니면 금융회사의 고유 계정인지에 따라 똑같은 기관 투자가의 투자라도 투자 환경은 완전히 달라집니다. 일반 주식형 펀드를 운용하는 사람이라면 벤치마크를 초과해야 하는 것이 투자의 목표이자 투자의 환경이 될 것입니다. 사모펀드를 운용한다면 고객들에게 약속한 투자 수익 그 이상의 수익을 내야 합니다. 필자 같은 고유 계정 운용이라면 무슨 일이 있어도 1년 기준으로 손실을 내서는 안 되는 것이 첫 번째 투자 환경입니다. 똑같은 기관 투자가라 하더라도 투자 환경에 따라 투자가 크게 달라집니다. 이처럼 자신의 투자 환경을 이해하는 것이 무엇보다 중요합니다.

개인 투자가라도 수많은 경우가 있을 것입니다. 몇 가지 생각해 본다면 주식 투자를 통해 생활비를 벌겠다는 투자가가 있을 것이고, 저금리 시대에 금융자산 재테크 목적으로 주식 투자를 시작하는 투자가도 있을 것입니다. 큰돈 투자하지 않고 매달 작게나마 용돈이나 벌자는 기분으로 재미 삼아 투자하는 분들도 있을 것입니다. 그런데 생각해 보면 이런 투자 환경에 따라 투자에 대한 기대 수익부터 투자기간, 감내할 수 있는 손실 범위 등이 크게 달라질 것입니다. 그러므로 개인 투자가라면 내가 어떤 목적으로 어떤 돈을 갖고 주식 투자를 하는지, 그리고 이를 위해 내가 얼마만큼의 시간을 투여할 수 있는지 주식 투자를 통해 기대하는 수익과 감내할 수 있는 손실 범위는 어느 정도인지 이런 것들을 한 번쯤은 꼭 정리해 보아야 합니다. 바로 이 안에 우리가 찾고자 하는 투자의 정답이 있기 때문입니다.

● 나 자신에 대해 잘 이해한다 ●

나는 과연 투자의 세계에서 어떤 것을 제일 잘할 수 있는지, 어떤 것을 잘할 수 없는지 이것을 잘 이해하고 있어야 합니다. 주식 투자를 위해 내가 얼마만큼 노력할 수 있는지도 냉정하게 잘 판단한다면 더욱 좋을 것입니다. 내 주변에 주식 투자를 하기 위해 얼마나 좋은 환경이 조성되어 있는지도 한번 생각해 볼 필요가 있습니다.

시각적 정보를 잘 받아들이고 이해를 잘하는 성향이라면 '기술적 분석'이 좋은 투자 수단이 될 수 있습니다. 복잡하게 나열된 숫자를 잘 이해할 수 있는 성향이라면 재무제표를 이용한 투자 방식이 참으로 유용할 것입니다. 반대로 신문 읽기를 좋아하고 세상 돌아가는 것에 대한 관심이 높은 편이라면 전체를 바라보는 투자 방식이 유리할 듯합니다. 이렇듯 자신이 가장 잘하는 것과 잘하지 못하는 것을 이해한 다음 잘할 수 없는 것은 과감히 포기하고 잘하는 것에 집중하는 것이 중요합니다.

이렇게 나를 잘 이해하는 것은 기대 수익과도 밀접한 연관이 있습니다. 주식 투자에 하루 종일 시간을 할애할 수 있는지, 하루 한 시간이 투자할 수 있는 최대 시간인지, 투여 시간 역시 각자의 상황에 따라 다르기 마련입니다. 꼭 그렇지는 않지만 투자에 많은 시간을 할애할 수 없는 사람은 하루의 거의 대부분을 투자에 할애하는 사람보다 높은 기대 수익을 얻거나 적절한 위험 관리를 하는 데 있어 불리하다고 볼 수 있습니다. 그렇다면 자신의 상황에 맞춘 기대 수익과 감내할 수 있는 위험 수준을 미리 정할 필요도 있습니다.

또한 각자의 성향에 따라 기대 수익과 위험 수준 역시 천차만별일 것입니다. 이는 기관 투자가들도 마찬가지입니다. 예전에 템플턴 펀드가 TV 광고를 한 적이 있습니다. 화면에 주가가 하락하는 그래프를 보여 주면서 "어떻게 보이십니까?"라고 물어봅니다. 그러고 난 뒤 화면을 확대합니다. 그랬더니 처음 보여 주었던 하락 흐름은 계속 상승하는 과정에서의 조정 국면으로 보입니다. 그러면서 "우리는 상승을 봅니다"라는 카피가 나옵니다. 솔직히 저는 이 광고를 보면서 이런 경우는 템플턴처럼 고객과 운용사의 투자 철학이 장기 투자로 체질화되어 있는 곳에서나 가능한 이야기라는 생각에 냉소를 지었던 기억이 납니다. 이렇게 기관 투자가들 역시 투자할 수 있는 기간과 감내할 수 있는 위험은 다양합니다.

개인 투자가들은 더더욱 그러할 것입니다. 성향상 발생 가능한 손실에 대해 굉장히 민감한 사람이 있을 것이고 이에 대해 상대적으로

너그러운 사람도 있을 것입니다. 투자 기간 역시 마찬가지입니다. 주식을 사면 오랫동안 보유하는 것을 편안하게 느끼는 사람이 있을 테고 반대의 경우도 있을 것입니다. 개인적인 성향 차이나 투자하는 자금의 성격 차이 때문일 수도 있습니다. 어떤 것이 맞고 어떤 것은 잘못된 것이라는 정답은 없습니다. 하지만 이처럼 서로 다른 상황에서 자신의 성향을 정확히 인식할 필요는 있습니다. 결국 투자란 다른 누가 아닌 본인 스스로 하는 것이기 때문입니다.

이렇게 자신의 투자 환경을 냉철하게 이해하고, 내가 잘할 수 있는 것과 할 수 없는 것을 구분해서 잘할 수 있는 것에 집중하고 그 안에서 내 투자수익 목표를 설정할 수 있다면 우리는 주식 투자를 위해 가장 중요한 내 투자의 테두리를 만든 것입니다.

저는 직업상 수많은 기관 투자가들(직업 투자가, 프로 투자가)을 많이 만납니다. 그중에는 저와는 비교도 안 될 정도의 성과를 낸 분도 있고 또 투자에 실패해서 다른 일로 전업하신 분도 있습니다. 그런데 성공을 거두지 못했거나 다른 기관 투자가들에 비해 경쟁력을 가지지 못해 업계를 떠난 사람들의 공통점 중 하나는 투자의 테두리를 제대로 만들지 못한 경우가 많습니다.

결코 어려운 일이 아님에도 이 부분을 크게 고민하지 않고 즉각적으로 돈을 벌 수 있는 기술적인 방법들에만 집중하다가 실패하는 경우를 너무나 많이 목격했습니다. 자신이 취득했던 직접적인 투자의 방법이 자신의 투자 테두리 안에 없는 방법들이었기 때문입니다.

일부 개인 투자가들 중에도 주식 투자를 처음 시작하자마자 곧바로 돈을 벌 수 있는 것처럼 느껴지는 기술적인 방법들만 찾는 이들이 있습니다. 하지만 그보다 훨씬 더 중요한 것은 자신을 이해하고 자신에 맞는 투자 목표를 제대로 설정하는 것임을 명심해야 합니다. 이는 어려운 일이 아닙니다. 투자를 시작하기 전에 내 투자의 테두리를 잘 정하는 것을 기본으로 갖춰야 할 것입니다.

올바른 투자 철학 수립을 위한 기본적인 접근법

필자와 같은 직업 기관 투자가의 경우 투자 철학을 잘 세우는 것이 매우 중요합니다. 재무제표를 이해하거나 경제지표를 이해하는 기술적인 문제보다는 어떤 투자 철학에 따라 일관된 투자를 하는가와 그렇지 않은가가 실제 성과를 가르는 열쇠가 되기 때문입니다.

다만 개인 투자가의 경우 대부분 재테크 수단으로 주식 투자를 하는 경우가 많아서 굳이 투자 철학까지 가질 필요가 있을까 하는 의문이 들 수도 있어 부록의 형식으로 정리해 보았습니다.

다음 내용은 투자 철학을 본격적으로 다루는 이야기가 아니고 투자 철학을 형성하기 위한 가장 기본적인 시장 접근 방법에 대해 정리한 것입니다. 차근차근 읽어보고 여러분의 투자는 어떤 방식을 취하고 있는지 비교해 보시기 바랍니다.

우선 말씀드릴 부분은 시장을 바라보는 기본적인 접근법(관점)입니다. 크게 보면 시장이 비효율적이라는 접근법과 반대로 시장이 충분히 효율적이라는 접근법이 있습니다.

시장이 비효율적이라는 접근

비효율적 시장 가설이라고도 하는 이 접근 방식은 그렇게 이해하기 어렵지 않습니다. 한마디로 '시장은 충분한 정보를 반영한 정확한 가격에 있지 못하다'라는 입장입니다. 좀 더 자세히 설명하자면 '시장은 균형점에 머물지 않고 늘 저평가와 고평가의 비효율적인 가격을 형성한다'라고 시장을 바라보는 관점입니다.

이 관점은 사실 주식시장이 생기고 난 뒤 가장 널리 알려진 투자 방법들을 아우르고 있습니다. 많이들 알고 있는 '가치 투자'도 어쩌면 이 접근법에 속하는 투자 방법이라고 할 수 있을 것입니다. 가치 투자는 결국 시장이 제대로 평가하고 있지 못한 저평가된 주식들을 골라 투자하는 방법이기 때문입니다. 주식시장이 효율적으로 반영하지 못하는 가격의 차이를 이용한 투자 방법이니 비효율적인 시장 접근에 의한 투자라 할 수 있습니다.

조금 더 쉽게 예를 들어 설명해 보겠습니다. "김 부장, 자네만 알고 있어, A라는 회사가 조만간 대규모 수주 공시를 낼 거야. 그 회사 주식 한번 사 봐~." 이 말을 듣고 투자했다면 이 역시 비효율적 시장 가설에 입각한 투자 방법입니다. 주식시장은 앞으로 발표될 수주 공시를 반영하지 못하고 있는데 이 정보를 미리 듣고 이에 따라 투자를 했다면 이는 시장이 나보다 정보가 약하다는 점을 이용한 투자 방법일 테니 말입니다.

앞서 설명한 대로 주식시장에서 가장 오래된 시장 접근 방법이고 이를 토대로 수많은 투자론이 발전해 온 만큼 비효율적 시장 가설에 따라 투자하는 것은 훌륭한 방법입니다. 다만 이 접근법을 통해 투자하기 전에 몇 가지 명심해야 할 사항들이 있습니다. 지금부터 그것들에 대해 설명해 보겠습니다.

시장 대비 높은 수익을 기대할 수 있다

시장이 제대로 반영하지 못한 부분을 이용한 투자 방법이니만큼 기대 수익은 시장이 주는 수익보다 높을 수 있습니다. 잘만 하면 저점에 주식을 사서 고점에 팔 수도 있기 때문입니다. 그리고 저평가의 기회를 이용해 꾸준히 주식을 매입할 수도 있고 시장 전체의 위기 상황을 이용해 높은 수익을 거둘 수도 있습니다.

대형주보다는 중소형주에 유리한 투자 방법

하지만 널리 알려져 있는 접근법임에도 불구하고 투자에 적용하기 어려운 경우도 있고 제한이 따르기도 합니다. 그래서 우리는 이를 영리하게 잘 구분할 필요가 있습니다.

삼성전자에 시장이 반영하지 못한 정보를 이용할 기회가 많을까요? 아니면 시가총액 1,000억 미만의 작은 기업에 미공개 정보를 이용할 기회가 많을까요? 저는 회사에서 후배들에게 이런 이야기를 자주 합니다. "삼성전자만 전문적으로 분석하는 애널리스트가 전 세계적으로 보면 거짓말 조금 보태서 1만 명은 될 텐데, 내 판단이 삼성전자의 주가 흐름보다 더 우월하다고 할 수 있을까요? 삼성전자가 절대적인 저평가나 고평가의 영역에서 거래되고 있을까요?"라고 말입니다.

반대로 기업분석 보고서조차 찾기 힘들 정도로 시장에 덜 알려져 있는 종목이라면 저평가의 기회나 내가 가진 정보를 아직 반영하지 못해서 생긴 기회가 많지 않을까요? 따라서 누구나 다 아는 대형 종목들보다는 시장에 잘 알려져 있지 않은 종목들이 비효율적인 시장 접근에 더 유리한 것입니다(물론 워런 버핏과 같은 가치투자의 대가라면 대형주나 중소형주나 별 상관없을 것입니다).

재무제표 등 기업에 대한 공부가 중요

시장이 비효율적이라는 관점을 통해 성공하기 위해서는 시장보다 정보력에서 앞서 있거나, 아니면 한 기업에 대해 정말 제대로 분석하고 있거나 이 두 가지 중 하나는 반드시 필요합니다. 한 10년 전쯤 부서에 새로운 경력자가 온 적이 있습니다.

비효율적인 시장 관점을 통해 투자를 하는 분이었는데요. 이 분은 자신이 투자하는 기업에 대해 본인 스스로 작성한 보고서만 몇백 페이지를 갖고 있는 걸 본 적이 있습니다. 한번은 이런 말을 하더군요. "이 회사에서 대해서만큼은 아마 내가 이 회사 사장보다 더 잘 알고 있을 거예요"라고 말입니다. 당시 저에게는 대단히 신선한 충격이었습니다. 평소 이 분이 생활하는 모습과 끝까지 파고드는 집요함을 보면서 인정할 수밖에 없었습니다. '비효율적 시장 관점을 통한 투자란 이런 거구나'라고 말입니다.

시장보다 우월한 정보를 갖기 위한 가장 손쉬운 방법은 내부자의 정보를 이용하는 것입니다. 하지만 이는 법적으로도 엄하게 금지되어 있어서 이것에 기댈 수는 없습니다. 따라서 기업에 대한 공부가 매우 중요합니다. 특히 재무제표에 대한 공부는 필수라고 할 수 있습니다. 열심히 재무제표를 분석하다 보면 저평가 영역을 발견할 수 있고 이로 인해 고수익이라는 결과물을 얻을 수 있기 때문입니다. 투자를 처음 하는 사람이 비효율적 시장 접근법이 본인의 성향이나 판단에 맞다면 기술적인 분석에 관한 책을 읽기보다는 재무제표 분석에 관한 책을 선택해서 공부했으면 좋겠습니다.

시장이 효율적이라는 접근

시장이 효율적이라는 관점은 시장은 나보다 훨씬 많은 정보를 알고 있고 그것을 가격에 반영하고 있다는 개념입니다. "시장은 늘 옳다"라는 이야기를 한 번쯤은 들어 보았을 것입니다. '시장은 늘 충분한 정보를 가격에 반영하고 있으며 그에 따라 효율적인 가격을 형성하고 있다'는 관점이라고 생각하면 되겠습니다.

한 가지 예를 들어 보겠습니다. A라는 주식을 10,000원에 샀다고 가정해 보겠습니다. 그런데 안타깝게도 이 주식이 하락해서 9,000원이 되었습니다. 이 상황에서 비효율적 시장 관점과 효율적 시장 관점은 완전히 반대로 갈리게 됩니다. 시장이 비효율적이라는 관점에서는 9,000원이 되었을 때 추가 매수를 하는 게 맞습니다. 왜냐하면 내가 생각한 가치보다 1,000원이나 저렴해졌기 때문에 더 사지 않을 이유가 없습니다.

반대로 시장이 효율적이라는 관점에서는 이 주식은 손절매하는 것이 맞습니다. 1,000원이나 하락했다면 내가 모르는 안 좋은 이유가 있을 것이기 때문입니다. 시장이 늘 맞다고 가정하는 것이기 때문에 주가가 하락하는 것을 그대로 인정해야 합니다. 하락하는 데 가지고 있을 이유가 없습니다.

이러한 예처럼 시장을 어떻게 바라볼 것인가에 따라 투자 형태가 완전히 달라지는 것을 알 수 있습니다. 시장을 바라보는 가장 반대되는 관점입니다만 무엇이 정답이고 무엇이 오답이라는 구분은 없습니다. 굳이 정답과 오답을 구분할 필요도 없습니다. 그냥 자신의 성향에 맞는 관점을 취하면 되는 것입니다. 다만 이 접근법을 취하는 사람의 가장 안 좋은 행동은 시장이 효율적이라고 생각하면서 주가가 하락할 때 물을 타는 것입니다. 왜냐하면 이것은 이후에 제가 강조할 일관성을 유지하는 데 실패하는 것이기 때문입니다. 이 이야기는 뒤에 더 자세히 다루도록 하고 지금은 시장이 효율적이라는 접근법에 대해 좀 더 알아보도록 하겠습니다.

시장이 주는 이상의 수익을 기대하기 어렵다

시장이 효율적이라는 관점을 가진다면 기대할 수 있는 수익은 시장의 수익률을 초과할 수 없습니다. 시장에 순응하는 관점이기 때문입니다. "숨겨진 1인치를 찾아라"라는 말이 있습니다. 효율적 시장 관점은 숨겨진 1인치를 찾는 것이 아니라 보이는 10인치 중 8인치를 기대하는 관점입니다. 올라가는 것이 확인이 되어야 살 것이고 하락하는 것이 확인이 되어야 판다는 관점이기 때문에 시장 수익을 초과할 수가 없습니다.

시장이 효율적이라고 가정한다면 "시장 가격은 항상 균형 가격, 적정 가격인데 어떻게 수익을 추구할 수 있을까?" 하는 질문이 남습니다. 저는 이에 대해 이렇게 답합니다. 펀더멘털이 매일 변하기 때문에 효율적 시장 하에서도 적정한 가격은 매일 변할 수 있습니다. 그리고 그것이 추세를 만들 때는 그 추세를 추종함으로써 효율적인 시장 관점 하에서도 수익을 낼 수 있다고 말입니다.

"기대 수익이 시장이 주는 수익을 초과하지 못하는데 무슨 장점이 있을까?" 하는 질문도 가능합니다. 시장이 효율적이라는 관점이 가진 가장 큰 장점은 주가가 하락할 때입니다. 주가가 하락하거나 시장이 하락을 보일 때 시장이 맞다고 가정한다면 주식 투자를 하지 않음으로써 손실을 최소한으로 줄일 수 있기 때문입니다. 그래서 큰 손실 상황을 피할 수 있다는 장점이 있습니다.

지수, 대형주, ETF 투자 등에 유리

앞서 설명한 비효율적인 시장 관점이 시장에 알려져 있지 않은 작은 기업을 투자할 때 유용하다면 늘 충분한 거래대금을 가지고 있는 대형주, 혹은 여러 종목들이 하나로 묶여 있는 ETF 등의 투자에는 효율적인 시장 관점이 더 유리합니다.

"시가총액이 몇백 조에 달하는 종목이 저평가될 수 있을까?" 제 생각에는 회의적입니다. "200개 종목으로 구성된 KOSPI200의 적정한 가치를 계산할 수 있을까?" 가능할 수도 있지만 결코 쉽지 않은 일일 것이라 생각합니다. 그렇기 때문에 시장 가격이 맞다고 생각하는 투자가 보다 쉬운 투자가 됩니다.

경제 전반에 대한 공부와 산업에 대한 공부가 중요

기업의 가치 분석을 통한 접근법이 아니라 기업의 가치가 변하는 방향을 이용한 투자 접근이 효율적인 시장이라는 관점입니다. 그렇기 때문에 기업의 성적표라 할 수 있는 재무제표에 대한 이해보다는 그 재무제표를 변하게 만드는 요인에 대한 공부가 더 중요합니다.

"경제가 전반적으로 좋은 상황인가, 나쁜 상황인가?" 이에 대한 판단이 중요하며, 각 산업이 언제 좋아질지 혹은 산업이 좋아지게 만드는 요인이 무엇인지 파악하는 것이 중요한 공부의 초점이 될 것입니다. 주식 투자를 시작하면 증권사에서 매일 매일 쏟아 내는 보고서들을 접하게 될 것입니다. 시장이 효율적이라는 관점을 취한다면 수많은 보고서 중 이코노미스트의 보고서와 각 산업 분석 자료를 적극 활용하시기 바랍니다. 기술적 분석법 역시 유용하게 적용할 수 있는 시장 접근법입니다. 다만 사고파는 스킬에 대한 매매 방식보다는 추세 분석법이 더 유용하다고 할 수 있습니다.

지금까지 시장을 바라보는 기본적인 접근법에 대해 간략하게 살펴보았습니다. 이제는 실제 투자를 위한 기본적인 두 갈래에 대해 설명해 보도록 하겠습니다.

Bottom up 시장 접근

기본 개념

주식 투자 포트폴리오를 구성할 때 투자할 직접적인 대상에 바로 접근하는 방법입니다. 주식 투자로 치면 직접 투자할 종목을 바로 찾아서 그 종목들을 모아 하나의 포트폴리오를 구성하는 방법입니다.

투자 대상을 직접 찾는 방법이니 주로 재무제표를 통한(혹은 기업 분석 보고서를 통한) 접근을 많이 하게 되는데, 주로 비효율적인 시장의 관점에서 바라볼 때 이용하는 접근법이라 할 수 있습니다.

주변 사람 혹은 어떤 모임이나 방송 매체를 통해 투자할 만한 종목의 정보를 접하고 그 정보를 이용해 투자할 종목에 대해 공부합니다. 그리고 그렇게 공부한 결과 투자할 만하다고 결정하면 그 종목에 투자하는 것입니다. 이런 과정을 통해 투자 종목 수를 하나씩 늘리면서 포트폴리오를 구성하는 방법이 바로 Bottom up 접근법입니다.

그렇기 때문에 주로 재무제표나 증권사에서 작성한 기업 분석 보고서 등이 투자를 위한 가장 기본적인 원천이 될 것이고, 여기에 투자 종목과 관련한 각종 뉴스나 시장 정보 역시도 투자의 원천에 포함됩니다. 주로 이런 재무적인 부분을 이용한 접근법만 Bottom up 접근법이라 간주되고 있습니다만 저는 생각이 조금 다릅니다. 만일 한 명의 투자가가 기술적으로 유망한 종목들을 하나씩 골라서 투자 포트폴리오를 구성한다면 저는 이 역시 Bottom up 접근법이라 생각합니다. 즉 Bottom up 접근법이란 꼭 재무적인 정보를 이용해서 투자하는 방법만 이야기하는 것이 아니라 투자 포트폴리오를 구성함에 있어 개별적인 투자 종목들을 하나씩 선정해 포트폴리오를 구성하는 모든 방법을 말한다고 보고 있습니다. 그렇기 때문에 효율적인 시장의 관점을 갖고 있더라도 투자 종목 하나하나에 집중해 포트폴리오를 구성했다면 이는 Bottom up 시장 접근법이라 할 수 있습니다.

장점과 단점

Bottom up 접근법을 통해 포트폴리오를 구성했을 때의 가장 큰 장점은 투자하는 종목들 하나하나를 매우 구체적이고 세밀하게 이해한 상태에서 투자하게 된다는 점입니다. 그래서 각 투자 종목 하나하나에 대한 기대 수익을 높일 수 있고 각 개별적 리스크에 대해 포착하기 쉽고 관리도 쉽다는 장점이 있습니다. 개별 기업에 대한 분석을 진행하기 때문에 당연히 시장 전체를 바라보는 관점보다 상대적으로 투자 종목 하나하나에 대해 더 정확한 판단을 내리기도 쉽습니다. 규모가 크지 않고 비즈니스 구조가 간단한 기업에 대한 평가를 내리기가 쉬울까요 아니면 매우 복잡한 구조로 돌아가는 경제 전반에 대한 정확한 평가를 내리기가 쉬울까요? 당연히 전자일 것입니다. 그리고 이것이 바로 Bottom up 접근법의 가장 큰 장점이라고 할 수 있습니다.

반대로 Bottom up 접근법의 가장 큰 단점은 경제나 시장 전체를 뒤흔드는 큰 위험이 닥쳤을 때 개별종목 단위로 위험 관리를 진행하다 보니 적절한 조치가 늦을 수도 있다는 점입니다. 보통 1~2일의 동향만으로 이 기업에 무슨 문제가 생겼다는 것을 본질적인 측면에서 알기는 어렵습니다. 그러나 시장의 리스크는 천천히 다가오는 것이 아니라 늘 아주 빠르고 강하게 나타나기 때문에 이런 위기 상황에서 종목 관점의 위험 관리를 적절하게 하는 것이 힘든 부분은 분명히 있습니다. 바로 이 부분이 Bottom up 접근법의 가장 큰 약점입니다.

Top down 시장 접근

기본 개념

주식 투자 포트폴리오를 구성할 때 경제나 시장 전체의 관점에서 먼저 바라보고 전체 투자 포트폴리오의 규모와 포트폴리오의 구성 종목을 결정하는 방법을 말합니다.

주로 제가 쓰는 방법이기 때문에 제가 하는 방식을 그대로 예로 들어 설명하는 것이 쉬울 듯합니다. 저는 매일 글로벌 주식시장과 이자율 시장, 원자재 시장, 통화 시장 등의 동향을 관찰한 다음 이것들을 토대로 적절한 주식의 보유 비중을 결정합니다. 그리고 현재 경제 상황에서 가장 투자 유망한 산업이나 섹터를 정한 다음 이 중에 가장 유망한 투자 종목을 선정합니다. 그런 다음 이런 종목을 중심으로 포트폴리오를 구성합니다. 좀 더 구체적으로 예를 들자면 중앙은행의 통화 정책이 바뀌면서 금리의 방향성이 바뀌는 상황이 되면 포트폴리오에 은행주를 편입하거나 편출하는 식의 포트폴리오 관리 방법이 바로 Top down 접근법이라 할 수 있습니다.

이렇게 전체적인 관점에서 보기 때문에 이 접근법으로 투자를 하게 되면 개별 기업 분석 보고서나 시장에 돌고 있는 개별 기업의 정보에 크게 주목하지 않습니다. 그보다는 경제 보고서, 산업 보고서 등에 집중하게 됩니다. 개별 기업의 이벤트보다는 FOMC나 금통위 등에 더 집중할 수밖에 없습니다.

장점과 단점

시장과 경기 전체의 관점에서 출발한 포트폴리오 구성법이기 때문에 경제나 시장 전체적인 위기 상황에 비교적 빠르게 대응할 수 있다는 장점이 있습니다. 어차피 기업은 경제 전체의 흐름에 직접적인 영향을 받기 때문에 개별 기업을 하나하나 관찰하는 접근법보다 위기 상황에서의 대응 속도가 비교적 빠르다고 할 수 있습니다. 다만 투자하고 있는 개별종목을 하나하나 꼼꼼하게 분석해서 투자하는 것이 아니기 때문에 종목별 기대 수익률은 당연히 떨어지고 개별 기업에서 발생하는 개별적인 리스크에도 취약할 수밖에 없습니다. 개별 기업에 대한 충분한 숙지나 정보가 없기 때문입니다.

이상으로 아주 간략하게 Bottom up 접근법과 Top down 접근법에 대해서 알아보았습니다. 서두에 말씀드린 대로 이는 어떤 투자법이라기보다는 일종의 포트폴리오 구성 방법으로 보시면 될 것 같습니다. 상당히 대칭된 접근법이고 살펴본 것처럼 장단점 역시 매우 뚜렷합니다. 그래서 전문 운용사들의 경우 팀으로 운용하면서 이 두 가지 접근법의 접목을 시도합니다. 즉 PM(포트폴리오 매니저)은 Top down식으로 접근하고 나머지 Sector manager는 Bottom up 접근을 하는 식입니다. 하지만 가장 권한이 높은 PM이 Top down 접근을 하기 때문에 아무래도 Top down적인 접근이 주가 된다고 할 수 있습니다. 여기서 중요한 점은 시장의 접근법을 결정할 때도 역시 자신의 상황에 잘 맞는 포트폴리오 구성법을 선택해야 한다는 것입니다.

지금까지 시장을 바라보는 기본적인 접근 방법과 투자를 위한 기본적인 접근법에 대해 이야기했습니다. 하지만 결국 이것은 정답이 없는 이야기입니다. 계속 강조하지만 자신에게 잘 어울리는 잘 맞는 옷을 골라 입는 것처럼 자신에게 잘 맞는 투자 접근법을 선택해야 합니다. 그보다 더 중요한 것은 선택한 접근법을 자신의 투자에 일관되게 적용하는 것입니다.

가장 안 좋은 모습은 시장이 나보다 더 많은 정보를 가지고 있다고 생각하면서 대형주에 목표가를 정해서 투자하고 주가가 하락하면 저평가라고 판단하고 계속 보유하면서 손실을 보는 것입니다.

2장

프랍 트레이더의
주식 투자는
무엇이 다른가

투자의 3단계

주식 투자란 것이 단순히 특정 종목을 선정해서 원하는 가격에 주식을 사고파는 단순한 작업은 아닙니다. 많은 이들이 주식 투자를 시작할 때 종목을 선정하고 원하는 가격에 사는 단순한 작업에서 시작하기 때문에 주식 투자가 건전한 투자 행위보다는 도박이나 투기에 가까운 행위처럼 변질되곤 합니다. 또한 그 결과가 좋지 못하게 되며 재테크의 수단으로써 그 가치를 잃어버리게 됩니다. 주식 투자가 도박과 유사한 단순한 놀이가 아니라 재테크의 수단으로써 의미를 가지려면 투자의 중요한 3단계 과정을 거쳐 진행되어야 합니다. 그래서 이번 장에서는 주식 투자를 하는 데 있어 가장 중요한 부분인 투자의 3단계에 대해 설명하려고 합니다.

꼭 주식 투자가 아니더라도 투자에는 크게 3단계가 있습니다. 자산 배분(Asset allocation), 포트폴리오 관리(Portfolio management), 매매(Trading)가 바로 그것입니다. 먼저 이것이 무엇인지, 주식 투자의 측면에서는 어떤 의미를 갖는지 설명해 보겠습니다.

■**자산 배분:** 주식 투자의 측면에서만 생각해 본다면 내가 지금 이 순간 주식을 얼마나 가지고 있을 것인가, 즉 주식 비중의 결정에 관한 문제를 말합니다. 개인 투자자의 입장에서 생각해 보면, 내가 올해 주식 투자를 내 전체 자산에서 얼마만큼 할 것인지 결정하고 그 결정된 금액 안에서 지금 현재 주식을 얼마나 가지고 있을 것인가를 결정하는 것을 말합니다. 주식시장이 좋을 때는 주식 비중이 높아야 할 것이고 주식시장이 나쁠 때는 주식 비중이 낮아야 한다는 간단하지만 가장 어려운 단계입니다. 저는 프랍 트레이더로서 주식시장의 큰 위기 상황을 3번이나 경험한 적이 있습니다. 바로 2008년 글로벌 금융위기와 2010년 유럽 재정위기 그리고 2020년 코로나 팬데믹 사태였

습니다. 이 세 번의 위기가 있었지만 저는 아주 운이 좋게도 손실을 보지 않았습니다. 결코 제게 특별한 재주가 있어서가 아닙니다. 단지 주식 비중이 극도로 낮았기 때문입니다. 2008년과 2010년에는 주식 비중이 0%였던 적도 있습니다. 이 단계가 얼마나 중요한지는 다시 설명하도록 하겠습니다.

■**포트폴리오 관리:** 어렵지 않은 이야기입니다. 주식 투자의 측면에서 보면 어떤 주식을, 어떤 비율로, 몇 가지 종목으로 구성하고 관리하는가 하는 문제입니다. 기관에 소속된 투자가로서 오래 일을 하다 보니 제 주변의 많은 사람들은 저를 만날 때마다 종목 좀 알려 달라는 얘기를 많이 하는데요. 아마추어 투자가들이 가장 많이 고민하고 신경 쓰는 부분이 바로 이 '포트폴리오 관리' 부분이라는 것을 보여주는 단적인 예라고 생각합니다.

■**매매:** 말 그대로 얼마에 사고 얼마에 파는가 하는 부분을 말합니다. 제가 자주 듣는 또 다른 말 중 하나가 "지금이라도 이 주식 살까?" 혹은 "이거 얼마에 사야 해?"라는 질문입니다. 바로 '매매'에 관한 질문인데요, 그만큼 '매매' 역시 많은 투자가들이 중요하게 여기는

부분이라 하겠습니다.

투자의 3단계 과정을 아주 간략하게 설명했습니다. 그렇다면 이 3단계 과정 중에서 주식 투자를 통해 수익을 내기 위해 가장 중요한 단계, 수익에 가장 영향을 많이 주는 단계는 어디일까요? 학계의 실증적 검증에 따르면 자산 배분의 단계가 대략 최소 80% 이상의 영향을 미친다고 합니다. 1,000만 원으로 100%의 수익을 낸것과 1억으로 20%의 수익을 낸 것 중 어떤 것이 더 많이 수익을 낸 투자일까요? 조금만 생각해 보면 어느 쪽이 수익을 내는 투자인지 누구나 당연하게 아실 수 있습니다. 주식 투자를 통해 수익을 내는 가장 결정적인 의사결정은 다름 아닌 자산 배분이라는 점을 꼭 기억하시기 바랍니다.

우리나라의 개인 투자가들이 주식 간접투자를 통해 크게 재미를 보지 못한 것은 사실입니다. 이는 우리나라 펀드 매니저들이 외국 펀드 매니저들보다 실력이 떨어져서가 아닙니다. 우리나라의 간접투자 상품 중에서는 수익에 가장 큰 영향을 미치는 자산 배분을 하는 상품이 거의 없기 때문입니다. 거의 포트폴리오 구성과 매매만 하는 상품들이 대부분입니다. 우리나라 간접투자 시장의 상품들과 그 과정을 보면 결국 수익에 있어 가장 중요한 의사결정 단계인 자산 배분

과정을 아마추어인 개인 투자가가 하는 구조입니다. 그렇기 때문에 간접투자에서 큰 성공을 거두기가 어려운 것입니다. 가장 중요한 부분을 아마추어가 담당하고 덜 중요한 부분은 프로 투자가들이 대행해 준다는 것은 참으로 아이러니한 일이며 안타까운 부분입니다.

다시 한번 강조하지만 주식 투자에 있어 가장 중요한 것은 '자산 배분'임을 명심하고, 실제 투자 과정에서 이 부분을 가장 중요시해야 할 것입니다. 실제로 저는 노력의 90%를 자산 배분에, 포트폴리오 관리에는 9%, 그리고 매매에는 약 1% 정도를 투자하는 편입니다. 심지어 매매에는 1%도 신경 쓰지 않을 때도 많은 것 같습니다.

여러분은 어떠신가요?

2

자산 배분,
최적의 투자 비중을 정하라

설명한 대로 투자에 있어 가장 중요한 단계는 자산 배분입니다. 주식 투자에 한정해서 말하자면 '주식 비중을 얼마나 가져갈 것인가?'를 정하는 단계라 하겠습니다. 앞에서 잠깐 말씀드린 대로 개인 투자가에게는 두 단계의 자산 배분이 필요합니다. 첫 번째는 연초에 올해 내가 전체 자산에서 얼마만큼을 주식에 투자할 것인가? 정하는 일입니다. 연초에 주식시장의 전망을 통해 주식 투자 비중을 정할 수 있다면 가장 좋겠지만 사실 이것을 1년 단위로 정확하게 정하기란 쉽지 않습니다. 그래서 연초에는 대략 올해 주식시장이 최대로 좋아진다면 얼마까지 주식 투자를 하겠다, 이렇게 대략의 범위만 정해 놓는 것이 중요합니다. 두 번째는 이렇게 정해 놓은 상황에서 지금 현 시점에는 실제 주식을 얼마나 가지고 있을 것인가를 정하는 과정이 필요합니다. 올해 1억을 주식 투자하기로 마음먹었다면, 현재 주식을 5,000만 원 가지고 있을 것인가? 아니면 1억을 다 가지고 있을 것인가 혹은 다 팔고 쉴 것인가? 이것을 정하는 과정을 말합니다. 첫 번째 단계는 개개인의 자산 상황에 따라 정해지는 것이니 저는 두 번째 단계에 집중해서 자산 배분 전략을 설명드리도록 하겠습니다.

가장 중요한 단계이니만큼 이를 정말 잘해내려면 꽤나 복잡하고 어려운 과정을 거쳐야 합니다. 각 경제지표를 해석하거나 주가, 금리, 환율, 원자재 가격 등 서로 연결되어 있는 각 금융자산의 가격 간 상관관계를 이해하는 능력도 필요합니다. 또 각 주식시장을 대표하는 기업들 혹은 주요 산업들의 산업구조 그리고 이것이 경제 전체에 주는 영향 등을 알고 있어야 하기도 합니다. 모두 다 상당한 시간을 들여서 공부해야 하는 것들입니다.

하지만 개인 투자가의 입장에서, 주업이 아닌 재테크로 주식 투자를 하는 사람들이 이런 것들을 잘 이해하고 해석하기란 쉽지 않습니다. 지금 말한 내용을 완전히 숙지했다면 프로페셔널 투자가가 되어도 손색이 없을 테니 말입니다. 그래서 자산 배분을 하기 위한 전문 지식의 전달보다는 개인 투자가의 입장에서 보다 쉽게 자산 배분을 할 수 있는 방법에 대해 설명하도록 하겠습니다.

가장 쉽게 접근할 수 있는 방법은 주식시장의 추세에 집중하는 방법입니다. 일단 주식시장이 내가 가지고 있는 정보나 내가 해석할 수 있는 것보다 더욱 많은 정보를 잘 반영하고 해석하고 있다고 가정하는 것입니다. 주식시장이 나보다 더 똑똑하고 더 많이 알고 있다고 가정한다면, 소위 주가지수를 해석하거나 대형주를 해석할 때 저평가인지 고평가인지 더 이상 고민할 필요가 없습니다(저는 애당초 아예 생각하지 않으려 합니다). 그보다는 주가지수 또는 그 안에서 높은 비중을 차지하고 있는 대형주의 추세를 있는 그대로 받아들이는 것입니다. 즉 시장이 보여 주는 것을 있는 그대로 읽는 것입니다. 시장이 보여 주는 것 이상으로 해석하려는 시도는 이를 전문적으로 하는 이들에게 맡겨 두고 말입니다.

이런 가정과 태도를 바탕으로 주식시장을 바라보면 주식시장의 추세에 따라 자산 배분이 가능해집니다. 주식시장이 상승하고 있다면, 그리고 그 안에 주식시장의 상승을 이끄는 주도주가 존재한다면 주식시장이 좋은 것으로 이해하고 주식 비중을 높게 가져가면 됩니

주식 투자 잘하는 사람들의 7가지 무기

다. 그리고 그 추세는 길면 길수록, 많이 상승했다면 상승했을수록 더 신뢰도가 높다고 생각하면 됩니다. 주식 투자란 것이 꼭 남들과 반대로 해야만 돈을 벌 수 있는 것은 아니기 때문입니다. 마찬가지로 초기에 아주 싸게 진입해야만 꼭 돈을 벌 수 있는 것도 아니기 때문입니다.

반대로 주식시장이 하락하고 있거나 상승하지도 하락하지도 않고 있다면 그리고 그 안에서 주식시장을 이끄는 주도주 역시 존재하지 않아 어떤 것이 주식시장의 중심인지 불분명하다면 주식 비중을 낮게 가져가면 됩니다. 즉 주식 투자를 열심히 하지 않으면 됩니다.

주식이 주는 효용에 대해 생각해 보신 적이 있나요? 내가 주식을 보유하고 있다면 언제 효용이 발생할까요? 제 생각에 주식이 효용을 주는 경우는 주가가 오르는 상황 말고는 없습니다. 부동산은 내가 편히 쉴 수 있는 장소를 제공한다는 효용이 있습니다. 아주 비싼 동네에 산다면 난 이런 곳에 살고 있다는 감성적인 효용을 주기도 합니다. 그런데 내가 우리나라 1등주인 삼성전자를 보유하고 있다는 것이 강남에 큰 아파트를 사는 것과 같은 '감성적 효용'을 주지는 않습니다. 주식에 투자할 때 효용을 얻을 수 있는 시점은 주가가 오르는 상황

외에는 없습니다. 그렇기 때문에 저는 주가가 오르지도 않고 빠지지도 않는 횡보 구간을 보일 때는 미리 상승에 대비해 주식 비중을 높이지 않습니다. 효용이 당장 크지 않은데 위험을 높게 감수할 이유가 없기 때문입니다. 이는 개인적으로 굉장히 싫어하는 투자 방법입니다. 주가가 효용을 주고 있지도 않은데 즉 주가의 상승이 없는데 무조건 주식을 많이 가지고 있다면 내가 할 수 있는 일은 주식이 오르기를 기도하는 일 외에는 없기 때문입니다.

이렇게 주식시장의 추세를 있는 그대로 받아들여 주식시장 혹은 주가가 오르고 있는지 오르지 못하는지를 기준으로 결정한다면 최소한 자산 배분은 성공할 수 있습니다. 이 방법의 핵심은 바로 주식시장의 추세를 잘 판단하는 것인데요. 저는 전문적인 지식이 없더라도 주식시장의 추세는 충분히 이해할 수 있다고 생각합니다. 왜냐하면 눈에 바로 보이기 때문입니다. 그리고 이런 주식시장의 상승을 이끌어 가고 있는 주도주가 존재한다면, 그때 비로소 주식시장을 좋게 보고 주식시장이 형성하고 있는 추세를 그대로 추종해 주식 비중을 높이는 결정을 한다면 최소한 큰 문제는 발생하지 않을 것이라 믿어 의심치 않습니다.

이렇게 자산 배분의 기준을 정하면 주식 비중의 축소 역시 보다

주식 투자 잘하는 사람들의 7가지 무기

쉬워집니다. 바로 주도주의 상승이 끝나면 주식 비중을 줄이면 되기 때문입니다. 주도주가 추세적으로 상승이 종료되고 있을 때 혹은 그 위험이 증가할 때 주식 비중을 줄인다면 나쁘지 않은 자산 배분이 될 것입니다. 많은 사람들은 주식 투자에서 수익을 내는 가장 좋은 방법이 '싸게 사서 비싸게 파는 것'이라고 말합니다. 하지만 저는 자산 배분의 관점에서 이렇게 표현하고 싶습니다. "오를 때보다 하락할 때 한 주라도 보유한 주식이 적다면 수익을 낼 수 있다"라고 말입니다.

이 주도주와 추세의 문제에 대해서는 이후에 보다 자세히 설명하도록 하겠습니다.

지금까지 드린 말씀은 결국 "주식시장이 좋을 때만 열심히 해라"라는 아주 지극히도 당연한 이야기입니다. 저는 이것이 자산 배분의 핵심이라고 생각합니다. 하지만 실제 생활에서는 이 지극히도 당연한 것이 안 되어서 주식 투자에 실패하게 됩니다. 오르는지 못 오르는지를 파악하지 못해서가 아니라 내 투자의 손익 때문에 이 지극히도 당연한 것이 안 되는 것입니다. 분명 주식시장이 안 좋은데 내 계좌가 손실이 나서 팔지를 못해 주식 비중이 높아지는 상황만 피하면 됩니다. 당연한 것이 정말 당연한 것이 될 때 우리의 투자는 성공할 수 있습니다.

3

포트폴리오 관리, 중요한 것은 전체의 수익이다

이제 주식 투자의 두 번째 단계인 포트폴리오 관리에 대해서 설명하겠습니다. 거듭 말하지만 저는 이 책에서 '어떤 주식을 사면 수익이 난다'와 같은 이야기는 하지 않을 것입니다. 유망 종목을 선정하는 방법이란 사실상 없기 때문입니다. 그 대신 어떻게 포트폴리오를 관리하면 좋을지 소개하고 이를 통해 성공적인 투자가 가능함을 보여드릴 것입니다.

주식시장에서 20년 넘게 경험을 쌓다 보니 주식 투자를 통해 수익을 거두지 못하는 가장 대표적인 유형이 무엇인지 알게 되었습니다.

'물리면 장기 투자, 먹으면 단기 투자'가 바로 그것입니다. 대부분의 투자가들은 수익이 나면 빠르게 매도합니다. 반대로 수익이 나지 않으면 정리하지 않고 수익이 날 때까지 아니 최소한 본전이 될 때까지 보유합니다. 그런데 10% 내외의 적당한 수준으로만 물려 있으면 괜찮지만 걷잡을 수 없이 악화되면서 50%, 60% 수준으로 종목 손실이 나는 경우가 있습니다. 보유 종목이 이렇게 되면 아예 포기하고 계좌 전체를 방치해 주식 투자에 실패하는 경우를 너무나 많이 봐 왔습니다. 가장 안타까운 모습입니다.

명절 때 많은 이들이 즐기는 '고스톱'을 보더라도 마찬가지입니다. 밤을 새워 고스톱을 치고 나면 결국 누군가는 돈을 따고 누군가는 돈을 잃게 되는데요. 통계의 법칙을 생각해 보면 비슷한 승률이 나와야 하지만 이렇듯 수익에 차이가 나는 이유는, 결국 돈을 많이 번 사람은 딸 때 많이 따고 잃을 때 적게 잃었고 돈을 잃은 사람은 잃을 때 왕창 잃고 딸 때는 3점으로 소박하게 땄기 때문입니다. 저는 이 과정이 주식과도 똑같다고 생각합니다.

보통 프랍 트레이더는 40~50개 종목으로 분산 투자를 하는데요. 개인 투자가들도 최소 3~5개 정도로 종목 분산을 합니다. 저는 여기에서 내가 고른 주식의 승률을 높이려, 즉 종목별 투자의 성공률을 높이려 하지 않습니다. 중요한 것은 종목별 승률이 아니라 포트폴리오 전체의 수익이기 때문입니다. 그리고 포트폴리오 전체의 수익은 투자한 모든 종목이 다 성공을 거둘 때도 좋아지겠지만 성공한 몇몇 개 기업에 대한 투자가 압도적인 성공을 거두면서 실패한 종목의 손실 이상으로 수익이 날 때도 좋아집니다. 저는 여기에 집중하는 것입니다. 만약 주식 투자를 고스톱에 비유한다면 한 판 한 판 이기려 하지 않고 한번 제대로 붙었을 때 3고를 부르겠다는 뜻입니다.

그래서 제 포트폴리오 전략은 '올라가는 주식은 안 팔고, 안 올라가는 주식은 판다'는 것입니다. 앞 장에서 주식이 주는 효용에 대해 설명했는데요. 저는 주식의 효용에 대한 생각을 포트폴리오 관리에도 그대로 적용합니다. 그래서 제가 제일 좋아하는 주식은 '가치주'도 '성장주'도 '배당주'도 아닌 바로 '올라가는 주식'입니다. 바로 지금 나에게 효용을 주고 있는 주식이 제일 좋아하는 것이기 때문에 지금 내게 효용을 주는 주식을 팔 이유가 없습니다. 더불어 올라가고 있는 주식을 계속 보유하고 있다면 반드시 복리 효과가 발생하게 되고 이는 수익률이 더 높아지는 효과로 이어지게 되어 있습니다. 보유한 채로 100%의 수익이 났다면 그 다음부터는 주가가 10%만 올라도 20%의 수익을 가져다주기 때문입니다. 반대로 저에게 효용을 주지 않는 주식, 올라가지 않는 주식을 가지고 있을 이유는 없습니다. 특히 추세적으로 가망이 없는 주식은 더더욱 그러합니다. 하락하는 주식은 말할 것도 없고 말입니다.

이 때문에 제 포트폴리오와 일반적인 개인 투자가들의 포트폴리오 상황을 보면 크게 다른 점이 있습니다. 그것은 제 포트폴리오 내 종목은 거의 대부분이 플러스 수익률을 기록하고 있는 반면 일반 개인 투자가들의 포트폴리오는 대부분 마이너스 수익률을 기록하고 있다는 점입니다. 제가 주식을 고르는 능력이 남달리 뛰어나서가 결코 아닙니다. 저는 올라가지 못할 것이라 판단한 주식은 팔고, 올라가는 주식 위주로 보유하고 있기 때문입니다. '물리면 팔지 않겠다'고 생각하는 일반적인 개인 투자가들의 포트폴리오 관리법과 완전 반대로 말입니다. 다시 한번 말하지만 제가 제안하는 포트폴리오 전략은 '수익 난 주식은 팔지 말고 수익이 나지 않는 주식을 팔아라'라는 것입니다.

주식 투자를 하는 데 있어 승률을 완벽하게 가져가는 것만큼 어려운 것도 없습니다. 그보다 더 쉬운 방법은 수익이 나는 종목에서 높은 수익을 거두는 것입니다. 10개의 종목에 투자해서 6~7개의 종목에서 손실이 발생한다 하더라도 나머지 3~4개 종목에서 높은 수익이 발생한다면 주식 투자는 성공할 것입니다. 그리고 이 방법이 주식 투자에서 승률을 높이는 방법보다 훨씬 쉬운 방법이라고 믿습니다.

또한 이와 같은 포트폴리오 관리 전략을 사용한다면, 50% 이상 투자 손실이 발생해 주식 투자 계좌를 방치하게 되는 최악의 상황도 절대 오지 않을 것입니다. 제가 개인 투자가분들께 이러한 포트폴리오 전략을 소개하는 가장 큰 이유는 높은 수익률을 기록하기 위해서가 아닙니다. 최소한 최악의 상황만큼은 만들지 말자라는 취지에서 알려드리는 것입니다. 너무 많은 손실이 나면서 주식 투자 계좌를 방치하는 최악의 상황만 피할 수 있다면 여러분의 주식 투자는 성공할 확률이 매우 높아집니다.

덧붙이자면, 이 포트폴리오 전략은 앞서 가장 중요한 단계인 자산 배분의 전략과도 밀접하게 맞닿아 있습니다. 주식시장이 좋으면 아무래도 올라가는 주식이 많아집니다. 그래서 이러한 전략으로 포트폴리오를 구성하면 주식시장이 좋을 때 주식 보유량이 많아지고 주식시장이 나쁠 때는 자연스럽게 보유 주식 수가 적어질 것이기 때문입니다. 참으로 좋은 방법 아닌가요?

"손실 나면 절대로 팔지 않겠어!"라는 생각을 이제는 바꿔 보지 않으시겠습니까?

4

트레이딩, 크게 비중을 두지 않는다

결론부터 말씀드리겠습니다. 아닌 경우도 있겠지만 거의 대부분의 경우 트레이딩에 신경을 쓰는 것은 '시간 낭비'입니다. 그래서 저는 트레이딩에 거의 신경을 쓰지 않습니다. 물론 하루에 지수가 3~4% 이상 움직이는 변동성이 높은 상황에는 트레이딩이 중요한 경우도 있습니다. 하지만 그런 예외적인 경우가 아니라면 트레이딩은 저에게 '시간 낭비'일 뿐입니다. 왜냐하면 저는 아무리 노력해도 이 트레이딩을 잘할 수 없기 때문입니다.

저도 한때 트레이딩을 굉장히 잘한다고 스스로 믿고 있었던 적이 있었습니다. 그런데 뒤돌아보면 그때가 가장 제가 운용을 잘하지 못했던 시기였습니다. 한번은 한 달 동안 선물로 트레이딩을 해 본 적이 있었습니다. 당시 승률은 10번 중에 9번의 수익, 즉 90%의 승률을 올리고 있었습니다. 그런데 그 달의 실제 손익은 마이너스였습니다. 사람은 잘한 것만 기억하기 마련인데 저 스스로도 잘하고 있다고 착각하고 있었던 것입니다.

제가 트레이딩, 즉 싸게 사려는 노력과 비싸게 팔려는 노력을 무의미하다고 생각하는 이유는 일단 이것이 가장 어렵기 때문이고, 혹 잘한다고 해서 투자 수익을 더 높여 주지 않는다고 믿기 때문입니다. 장중 고가에 판다고 또는 장중 저가에 산다고 결과적으로 수익률이 크게 더 좋아지지 않습니다. 그냥 잠시 기분만 좋을 뿐입니다. 그렇기 때문에 트레이딩을 잘하기 위해 하루 종일 시세의 움직임에 집중하는 것은 에너지 낭비에 불과합니다. 그보다 '이 주식을 살 것이냐 팔 것이냐'의 판단이 '얼마에 살 것이냐'는 판단보다 훨씬 더 중요한 문제입니다. 장중 고가에 팔았거나 장중 저가에 샀다면 그것은 정말 재수가 좋았던 것은 아닐까요?

같이 근무하는 후배 직원들에게 항상 하는 말이 있습니다.

주식 투자 잘하는 사람들의 7가지 무기

"만약 당신이 시세를 보면서 엔터키만 치고 있다면 나는 일하지 않고 있다고 간주할 것입니다. 그 시간에 차라리 기업 방문을 가던지 기업 보고서를 보면서 공부를 하세요."

트레이딩은 정말 인풋 대비 아웃풋이 너무나 작은 작업이고, 따라서 하루에 시세를 열두 번도 더 확인할 이유는 없습니다. 저와 같은 기관 투자가도 실제로 이런데 하물며 개인 투자가들은 더할 나위가 없을 것입니다. 하루 종일 주위 사람 눈치를 보면서 시세만 확인하다가 보고서는 언제 쓰고 기획안은 언제 정리할 것입니까?

그러면 저는 어떻게 트레이딩을 하냐고요? 저는 아침에 전략을 결정하고 나면 주문은 거의 장중 평균가 주문을 가장 많이 사용합니다. 한 시간이면 한 시간, 30분이면 30분 간격으로 동일하게 주문을 내어 장중 평균 가격에 매수나 매도를 맞추는 것입니다. 저는 프랍 트레이더라 주문 규모가 크기 때문에 이 방법을 많이 사용하는데요. 개인 투자가라면 시가 반 종가 반의 매매 전략을 추천합니다. 기술적으로 완벽한 매매 가격을 이해하고 있는 사람이 아니라면 말입니다. 저는 해외 주식도 국내 주식만큼 비슷한 비중으로 투자하고 있습니다. 때문에 친구들은 도대체 잠은 언제 자는지 물어보곤 하는데요. 하지만 저는 해외 투자를 하면서 단 한 번도 밤새워 시세를 본 적이 없습니다. 규모가 한국 주식보다 결코 작지 않은데도 말입니다. 저는 항상 종가만 보고 해외 주식을 판단하는데요. 그럼에도 저의 해외 투자 수익률은 국내 투자 수익률보다 더 좋았습니다. 왜냐하면 해외 시장이 그동안 우리 주식시장보다 훨씬 더 좋았기 때문입니다. 시세를 많이 보는 것이 내 투자 수익률에 크게 도움이 되지 않는다는 단적인 예라 생각합니다.

트레이딩에 비중을 두지 않는다면 스마트폰으로 시시각각 시세를 확인하느라 생업을 소홀히 하게 되는 일 역시 없을 것입니다. 그러니 트레이딩에 대한 생각을 이제는 조금만 달리해 보시기 바랍니다.

주식 투자 잘하는 사람들의 7가지 무기

🔑 KEY POINT

투자에 있어 가장 중요한 단계는 자산 배분입니다. 현재 상황에서 주식을 얼마나 가지고 있을 것인가가 투자 수익률에서는 절대적인 영향을 미치게 된다는 점을 잊지 마시기 바랍니다. 혹 주변에 주식 투자 전문가가 있다면 앞으로는 "종목 하나 추천해 주세요"라고 부탁하지 말고 "지금은 주식 투자를 열심히 할 때인가요, 아니면 쉴 때인가요?"를 질문하세요. 그리고 "물리면 절대 팔지 않겠어"가 아니라 "수익이 나면 끝날 때까지 절대 팔지 않겠어!"라는 생각으로 포트폴리오를 관리하시기 바랍니다. 마지막으로 트레이딩은 '에너지 낭비'라 생각하고 장중의 시세 변동은 무시해야 합니다. 이렇게만 해도 여러분의 주식 투자는 한층 더 좋아질 수 있습니다.

★★★★★
자산배분
(Asset allocation)

지금 주식에 얼마나 투자할까?
"시장이 오르면 많이"
"시장이 오르지 않거나
하락하면 적게"

★★
포트폴리오 관리
(Portfolio management)

무슨 주식을 얼마나 가지고 있을까?
"오르는 주식 수익 났다고 팔지 않기"

☆
트레이딩
(Trading)

얼마에 사고 얼마에 팔까?
"일 년에 트레이딩이
중요한 날은 몇 번 없어요."
"종가만 봐도 충분해요."

5

반드시 지켜야 할 투자 원칙, 일관성을 지킨다

20여 년간의 경험과 나름의 투자 철학을 책으로 엮어 내려고 결심했을 때부터 제 머릿속에 간직하고 있었던 한 가지 생각은 독자 여러분에게 '어마어마한 수익을 낼 수 있는 과장된 목표나 조언'이 아닌, 주식 투자를 하면서 돌이킬 수 없는 최악의 상황을 피하는 데 도움이 될 만한 이야기를 전하자는 것이었습니다. 그러한 마음으로 여러분이 주식 투자를 하면서 결코 잊지 않았으면 하는 투자 원칙을 소개해 보겠습니다.

주식 투자 잘하는 사람들의 7가지 무기

● 사는 이유와 파는 이유가 같아야 한다 ●

'일관성'은 제가 투자를 할 때 항상 잊지 않고 명심하는 말입니다. 말 그대로 처음과 끝이 같아야 한다는 의미를 담고 있습니다. 가장 안 좋은 경우를 예로 들어 그 중요성을 설명해 보겠습니다.

A증권사 00지점에서 근무하고 있는 김 모 과장은 자기가 참석하는 정보 회의에서 B라는 종목에 대한 정보를 듣게 됩니다. 그리고 이 정보를 고객들에게 적극 추천해서 김 과장의 고객들 중 많은 사람들이 B라는 종목을 매수합니다. 그런데 B라는 주식이 조금 이익이 나는가 싶더니 금세 하락하기 시작해 고객 대부분이 손실을 보게 됩니다. 이때 김 과장은 B라는 주식의 기업 보고서를 찾아 기업 분석을 한 다음 손실을 본 고객들에게 이런 말을 전합니다. "그런데 B라는 주식의 현재 주가는 이 기업의 가치 대비 매우 저평가된 상태입니다. 그러니 지금 좀 힘들더라도 버티면 반드시 수익이 날 것입니다." 하지만 B라는 주식은 안타깝게도 그 후 2년 동안 김 과장의 고객들이 매수한 가격에 도달하지 못합니다.

위의 예는 극단적인 사례가 아닙니다. 주식시장에서 너무나 흔하게 벌어지는 일이고 개인 투자가뿐 아니라 저와 같은 전문 투자가들

사이에서도 흔히 생기는 일입니다. 위의 사례에서 어떤 부분이 잘못되었을까요? 물론 B라는 주식을 추천한 것이 가장 큰 잘못입니다. 하지만 앞서 말했듯이 주식 투자를 하면서 매일매일 높은 승률과 적중률을 올릴 수는 없습니다. 그것은 저와 같은 프로 투자가들도 마찬가지입니다. 프로 투자가들이 일반 개인 투자가들보다 승률이 조금 높을 수 있고 정보도 조금 더 빠를 수 있습니다. 하지만 그것이 수익률의 결정적인 차이를 만들어 내는 것은 아닙니다(많은 사람들이 이 부분을 가장 많이 착각하는 것 같습니다). 그렇다면 과연 무엇이 잘못된 것일까요?

제가 내린 결론은 바로 일관성이 지켜지지 않았다는 것입니다. 이 책 전반부에서 잘못된 투자의 형태 중에 '수익이 나면 단기 투자, 손실이 나면 장기 투자'라는 말이 있다고 했습니다. 이와 유사한 '수익이 나면 모멘텀 투자, 손실이 나면 가치 투자'라는 말도 있습니다. 수익이 나면 팔아 치우기 바쁘고 손실이 나면 어떤 이유를 갖다 붙여서라도 손실이 복구될 때까지 팔지 않는 것을 의미하는 말입니다. 저는 이런 말이 가장 나쁜 이유는 일관성이 없기 때문이라고 생각합니다. 자꾸 일관성이라는 애매모호한 개념으로 설명한다고 생각할 수도 있는데요. 위의 상황에서 결여된 일관성이란 딱 하나, 사는 이유와 파는 이유가 다르다는 점입니다.

'사는 이유와 파는 이유가 같아야 한다' 혹은 '사는 이유가 사라졌으면 팔아야 한다'라는 말은 제가 꼭 지키고자 하는 첫 번째 일관성의 투자 원칙입니다. 앞에 예로 든 상황에서 보자면, 김 과장은 정보 회의에서 누군가에게 B라는 주식의 정보를 얻었고 그것이 B라는 주식을 사게 된 결정적인 이유였습니다. 그렇기 때문에 주가가 자신이 매수한 이유와 다르게 진행된다면 김 과장은 기업 보고서를 찾아볼 것이 아니라 정보 회의에서 B라는 주식을 추천한 동료 직원을 찾아갔어야 합니다. 그리고 주식을 살 때 고려하지 않았던 기업의 가치 문제를 B주식을 계속 보유하려는 이유로 만들어서는 절대 안 됩니다. 오히려 정보를 준 사람에게 물었어야 합니다. 그런데 그 사람도 모르겠다고 한다면 그 주식에 대한 불확실성이 커진 것입니다. 그러면 그 불확실성에 대해 위험 관리를 했을 것이고 한 주식에 2년 동안 물리는 최악의 상황은 피할 수 있었을 것입니다.

주식을 사는 이유와 파는 이유를 일관성 있게 유지하는 것이 최고의 수익을 보증하는 원칙은 아닙니다. 하지만 가장 많은 주식 투자가들이 경험하는 최악의 상황은 무조건 피하게 해 줄 수 있습니다.

주식을 사는 이유는 너무나도 다양합니다. 어떤 것이 맞고 어떤 것은 틀린 방법이라고 할 수 없습니다. 너무나 다양한 이유로 주식을 사거나 파는 일이 생기고 그것을 통해 주식시장의 거래가 유지되기 때문입니다. 그만큼 정답이란 것이 없습니다. 하지만 투자에 있어서만큼은 사는 이유와 파는 이유를 일치시키는 것이 정답입니다.

주가가 가치에 비해 낮아서 샀다면, 그것이 해소되면 팔아야 합니다. 어떤 주가 상승의 재료가 있어서 샀다면 그것이 주가에 반영되면 팔아야 합니다. 기술적으로 전형적인 매수 패턴이 나와서 샀다면, 전형적인 매도 패턴이 나올 때 팔아야 합니다. 어떤 스토리를 가지고 있고 어떤 환경 때문에 주가가 오를 것이 기대되어 샀다면 이후에 주가가 오르지 않으면 팔아야 합니다(빠져야 파는 것이 아니라). 이런 것들이 사는 이유와 파는 이유를 일관성 있게 일치시키는 것입니다.

● 일관성은 투자한 종목의 매매 방법까지 유지되어야 한다 ●

누군가 저에게 주식 투자에 있어서 가장 중요한 것 한 가지를 꼽자면 무엇인가? 라고 묻는다면 저는 바로 '일관성'이라고 대답할 것입니다. 저보다 공부도 훨씬 더 잘했고 머리도 똑똑한 분들이 직업 투자가로서 성공하지 못하고 실패하는 대부분의 이유는 투자를 함에 있어 이 일관성이 지켜지지 않았기 때문입니다.

이 일관성은 단순히 매수의 이유와 매도의 이유를 일치시키는 것만 의미하지는 않습니다. 앞서 부록인 '올바른 투자 철학 수립을 위한 기본적인 접근법'이라는 챕터에서 시장이 효율적이라는 접근, 시장이 비효율적이라는 접근에 대해 소개드린 바 있습니다. 일관성은 투자의 철학이나 투자에 대한 태도와도 맞닿아 있습니다. 시장을 바라보는 시각에서부터 주식 비중을 결정하는 자산 배분의 과정, 투자 종목을 선정하고 투자하는 과정 모두에서 가장 중요한 것은 바로 일관성입니다. 시장이 비효율적이라는 접근이라면 이 접근이 잘 적용될 수 있는 투자 종목군을 선정하고 투자를 진행할 때 정확하게 이 종목을 투자하는 이유를 명확히 하고 이후 이를 매도의 이유로 삼아야 합니다. 시장이 효율적이라는 접근인 경우에도 마찬가지입니다. 이 접근법이 잘 적용될 수 있는 투자 종목군을 선정하고 투자를 하는 이유를 시장이 효율적이라는 접근 시각과 일맥상통하는 것으로 선정해 투자하는 것이 그 무엇보다 중요합니다. 이렇게 될 때 주식 투자에서 가장 어렵다는 매도라는 작업이 훨씬 쉬워질 수 있으며 우리의 투자도 성공을 거둘 수 있습니다.

일관성이라는 문제는 저에게 너무나도 중요한 명제이고 이 일관성이 필요한 부분은 단순히 투자를 하는 과정에만 있는 것이 아니기 때문에 이후 리스크 관리 챕터에서 다시 한번 말씀드리면서 강조하도록 하겠습니다.

다음은 프랍 트레이더로서 저의 일반적인 하루 일과입니다. 제 일과의 가장 큰 특징이라 한다면 직업 투자가임에도 불구하고 정작 시세를 실시간으로 보는 시간이 극히 적다는 점이라 하겠습니다. 그리고 이는 모든 투자가들께 추천드리는 바이기도 합니다. 시세를 보면서 엔터키를 치고 있는 것은 단기 트레이더가 아니라면 에너지와 시간의 종합적인 낭비라 하겠습니다. 제 일과를 통해서 직업 투자가의 투자 방식을 한번 엿보시기 바랍니다.

오전 6시 20분경

사무실에서 일을 시작합니다. 간밤에 있었던 유럽 증시 그리고 미국 증시의 동향을 파악합니다.

처음에는 기사로 전반적인 내용을, 다음에는 주가 지수, 채권 시장 동향, 원자재 시장, 환율 시장의 동향을 추세의 관점에서 파악합니다. 그다음에는 세부 내용으로 들어가 미국 증시를 중심으로 각 섹터별, 종목별로 구분해서 추세의 관점에서 어떻게 움직이고 있는지를 파악합니다. 머리가 나쁜 관계로 한 번 슥 보고 지나가지 않고 노트에 손으로 꼼꼼히 메모를 하면서 파악합니다.

노트에 메모를 하면서 대략적으로 파악하고 나면 그다음에는 총정리를 위한 자료를 작성합니다. 제 이름을 딴 '진시황'이라는 자료입니다. 간밤의 글로벌 증시 동향에서부터 전일 우리 시장의 동향까지 정리를 해 나갑니다. 그리고 마지막으로 전략을 결정하고 작성합니다. 전략을 결정할 때 저의 기준은 딱 하나입니다. 미래를 예측한 전략이 아니라 지금까지 시장이 이야기해 주는 것을 바탕으로 오늘 내가 할 수 있는 최선의 전략을 정한다는 것입니다.

오전 8시 20분경

팀 회의를 합니다. 팀에 있는 각 트레이더별로 자신의 관점과 전략을 발표합니다. 그리고 마지막으로 제가 아침에 작성한 '진시황'을 바탕으로 팀 전체의 관점에서 시각을 결정하고 전략에 대한 최소한의 가이드 라인을 제시합니다.

주식 투자 잘하는 사람들의 7가지 무기

오전 9시경

5분에서 30분 정도 시장의 출발 상황을 점검합니다. 주로 시총 상위 종목군의 출발 상황을 중심으로 간단하게 예상한 범위대로 움직이기 시작하는지를 점검합니다.

오전 9시 30분경

점심 전까지 분석의 시간을 가집니다. 각 증권사에서 발표한 보고서 중 읽고 싶은 것들을 간추려 공부하고 분석하는 시간을 가집니다. 하루에 많은 경우 대략 10여 개 정도의 보고서를 탐독하는 것 같습니다. 30페이지가 넘는 자료는 반드시 읽으려고 노력하는 편입니다.

오후 1시

팀 내 원자재 트레이더와 회의를 합니다. 간밤에서부터 아침 중국 원자재 시장까지의 동향을 담당 원자재 트레이더로부터 업데이트 받습니다. 이후 주식시장에서 보여지는 원자재 시장과 관련한 동향 혹은 위험자산 전체에 대한 동향 등에 대해서 의견 교환을 합니다. 그리고 마지막으로 원자재 투자에 관한 전략을 공유합니다.

오후 2시

국내 주식시장 및 아시아 시장을 파악합니다. 거의 유일하게 꼼꼼히 시세를 보는 시간이라 하겠습니다. 지수에서부터 각 섹터별, 종목별 동향을 마찬가지로 추세의 관점에서 파악합니다. 눈으로만 보는 것이 아니라 노트에 메모를 하면서 봅니다. 우리 시장뿐 아니라 일본 증시, 대만 증시 그리고 중국/홍콩 증시까지 파악할 수 있는 부분을 최대한 파악해 봅니다.

제 자리 뒤에는 큰 화이트 보드가 있습니다. 국내 시장 및 아시아 시장을 파악하고 나면 메모한 노트의 내용을 기반으로 화이트 보드에 하나씩 정리를 하고 최종적으로 전략을 결정합니다.

매매는 아침에 정한 대로 장중 평균가 주문을 기본으로 하는데 오후 시장 분석이후 의견이 바뀌면 주로 3시 이후의 매매로 포지션을 변경합니다.

오후 3시 40분

아침에 '진시황'을 쓰면서 결정한 해외 주식 예약 주문을 실행합니다. 당연히 예약 주문이라는 방법을 쓰는데, 주문 규모가 적은 경우 시가 반 종가 반의 전략을 쓰고 규모가 클 경우에는 시장 평균가 주문의 방법을 사용합니다.

오후 4시

퇴근 전까지 남은 시간에는 오전에 다 읽지 못했던 보고서를 읽고 따로 분석할 일이 있으면 분석을 하는 시간을 가집니다. 간혹 시간이 남으면 사무실에서 투자와 관련된 책을 읽는 것 역시 즐겨합니다.

3장

프랍 트레이더의
시장 분석법

1

'추세'를
파악하라

제가 매일 같이 화면에 온갖 그래프들을 띄워 놓고 메모를 하면서 시장을 분석하니까 어떤 분들은 저를 기술적 분석가라고 생각하는 것 같습니다. 하지만 고백하건대 저는 트레이딩을 위한 기술적 신호들, 즉 MACD*, RSI**와 같은 기술적 보조지표들을 이해하지 못하고 있습니다. 따라서 저를 기술적 분석가라고 할 수는 없을 것입니다. 하지만 저는 시간과 가격의 2차 함수인 그래프를 통해 시장이 매일매일 해 주는 이야기를 들으려 합니다. 제가 매일 그래프를 보면서 체크하는 것은 오직 하나, 바로 '추세(Trend)'입니다.

주가지수의 그래프를 보거나 개별종목의 그래프를 보거나 메모하는 것은 오직 추세입니다. 금리를 봐도 그렇고 환율을 봐도 그렇고 원자재 가격을 봐도 그렇습니다. 심지어 경제지표를 봐도 테이블로 보지 않고 그래프로 형상화해서 봅니다. 그리고 추세를 이해하려고 노력합니다. 추세를 통해서 현재의 경제 상황과 미래의 주식시장의 상황을 간략하게나마 가늠해 볼 수 있기 때문입니다.

저에게 있어 추세는 딱 3가지뿐입니다. 하나는 '상승하는 추세', 또 하나는 '하락하는 추세', 그리고 나머지 하나는 '상승으로도 하락으로도 규정할 수 없는 비추세'입니다. 저는 금융시장의 모든 가격지표를 (심지어 경제지표까지도) 이 세 가지 범주에서 해석하고 정리합니다. 특히 추세를 형성한 기간이 길면 길수록 그 추세는 더욱 신뢰합니다. 일단 추세가 형성된 것이라면 이 추세가 끝날 때까지는 기존의 추세가 계속 유지될 것이라는 가정으로 추세를 이해합니다. 그래서 '오랫동안 올랐다면 곧 하락하겠구나'라고 생각하기보다는 '앞으로도 계속 오를 확률이 더 높겠구나'라고 판단합니다. 하락

* Moving Average Convergence and Divergence. 이동평균수렴·확산지수. 주가의 단기 이동평균선과 장기 이동평균선의 수렴과 확산을 나타내는 지표로 추세의 방향과 주가의 움직임을 분석하는 데 유용하다.

** Relative Strength Index. 상대강도지수. 가격의 상승 압력과 하락 압력 간의 상대적인 강도를 나타낸다. 주식, 선물, 옵션 등의 기술적 분석에 사용되는 보조지표이다.

하는 경우도 마찬가지입니다. 하락하는 추세의 변곡점이 발생하기 전까지는 '계속 하락하겠구나'라는 가정을 하고 바라봅니다. 그래서 저는 비추세를 가장 싫어합니다. 앞으로 상승할지 하락할지 예상할 수 없기 때문입니다. 이와 같은 방식으로 저는 추세를 바라보고 이해합니다.

금융시장의 가격지표를 이 세 가지 추세의 측면에서 놓고 정리하다 보면 주식시장이 어떻게 될 것인지, 어떤 수준으로 주식 비중을 가져가야 할 것인지 가늠할 수 있습니다. 그리고 더 나아가 현재 주식시장에 가장 큰 영향을 주고 있는 다른 금융시장의 가격 변수도 찾을 수 있습니다. 그렇게 각 금융시장이 하는 이야기를 듣고 해석하는 것입니다.

'어떤 이유로 이 주식들이 오르고 있고, 이 주식들이 오르면서 경제에 어떤 영향을 주고 있으며 그래서 증시 전체가 어떤 식으로 움직이고 있구나' 이런 식으로 말입니다. 그래서 추세를 추세대로 이해하는 것이 매우 중요한 일입니다. 실제로 저는 각 금융시장의 추세를 이해하고 정리하는 데 하루에 가장 핵심적인 시간을 할애하고 있습니다.

추세를 인식하는 방법은 사실 매우 간단합니다. 누가 봐도 오르고 있다면 오르고 있는 추세인 것입니다. 그리고 앞서 설명한 대로 오른 시간이 길면 길수록 앞으로도 오를 확률이 더 높다고 보는 것이 추세를 제대로 인식하는 방법입니다. 누가 하더라도 어렵지 않은 일입니다. 그런데 이 추세 인식이 어렵게 느껴지는 이유는 이 추세가 언제 바뀔까를 예측하려고 하기 때문입니다. 추세를 있는 그대로 받아들이고 편승하면 되는데, 지금 보이는 추세의 변하는 지점을 예상하려고 하니 갑자기 너무나 쉬운 추세 인식이 어렵게 느껴지고 주식 투자 역시 어려워지는 것입니다. 굳이 어렵고 힘든 길을 갈 이유가 없는데도 말입니다.

상승하지도 하락하지도 않는 비추세의 상태는 앞으로 어떻게 될 것인지 예상하거나 기대하기 어려운 상황입니다. 구태여 이런 상황에서 어떤 방향성을 예측하거나 기대할 이유는 전혀 없습니다. 즉 추세는 추세 그대로 받아들이는 것이 가장 중요한 일이라 하겠습니다.

앞서 오른 기간이 길면 추세의 신뢰는 더 높다고 말했는데요. 이 말을 주식으로 표현한다면 이미 오랫동안 오른 주식이 될 것입니다. 만약 이미 6개월 동안 오른 주식을 추천한다면 대부분은 "에이, 너무 많이 올랐잖아요"라고 말할 겁니다. 그리고 오르지 않은 주식, 앞으로 오를 주식을 추천하라고 할 겁니다. 이것이 바로 추세를 추세대로 받아들이지 않고 추세가 변하는 지점을 미리 예상하려는 것입니다. 일부러 어렵고 힘든 길을 가는 것입니다.

투자를 하는 대부분의 사람들은 '싸게 사서 비싸게 팔아야 한다'는 인식이 강하기 때문에 추세를 추세 그대로 받아들이는 쉬운 길을 버리고 곧잘 더 어려운 길을 가려는 본능 아닌 본능이 있습니다. 그래서 추세를 이해하고 추종하는 것은 심정적으로 어려운, 그래서 연습이 필요한 부분이라 하겠습니다. 자기 자신의 마음이나 본능과는 다른 행동을 해야 하기 때문입니다. 하지만 조금만 연습하면 추세를 추세 그대로 받아들이고 추세를 추종하는 투자가 그리 어렵지 않을 것입니다. 조금만 노력하고 연습하면 누구나 가능한 일입니다.

추세를 이해하면서 시장을 분석하기 시작하면, 뉴스에 나오는 증시에 대한 해석에서 자유로워질 수 있습니다. 예를 들어 보겠습니다. 그동안 주식시장이 계속해서 상승하고 있었고 당시에 금리는 어떤 방향성 없이 박스권에서 등락을 보이고 있었다고 가정해 보겠습니다. 이런 가운데 증시가 기존의 상승 추세 범위 내에서 하루 동안 하락이 나타났고, 뉴스에서 금리가 상승하면서 증시가 하락했다는 기사가 나왔다고 해 보겠습니다(아주 흔히 나오는 뉴스 내용입니다). 그런데 만일 금리가 상승한 폭이 기존의 박스권 범위를 넘어서지 않는 수준의 상승이었다면, 그리고 앞서 말했듯이 증시의 하락이 기존의 상승 추세 범위 내에서 이해할 수 있는 수준의 하락이었다면, 즉 증시나 금리나 모두 추세 범위 안에서의 움직임이었다면 뉴스에서 말한 금리의 상승 덕분에 증시가 하락했다는 분석은 별다른 의미 없는 이야기가 됩니다. 무시해도 상관없는 뉴스인 것입니다. 이처럼 의미 없는 뉴스에서 자유로워진다면 '진짜 시장'의 관점에서 시장을 이해하고 냉정하게 바라볼 수 있게 됩니다.

주식시장 전체의 추세를 잘 이해하려면 각 금융자산과의 상관관계와 각 경제지표의 영향관계를 이해하는 것이 필요합니다. 그런데 금리와 주가와의 상관관계도 교과서적으로 일관적이지 않고 경제지표 역시 각 상황마다 중요하게 여겨지는 지표가 다르며 각 지표가 의미하는 바도 그리 쉽지는 않습니다. 그래서 전문 투자가가 아닌 일반 투자가들이 이런 금융시장의 모든 가격 변수들을 잘 이해하기란 쉽지 않습니다. 하지만 이런 변수들을 잘 이해하면 그만큼 좋은 성과를 낼 수 있다는 사실만은 분명합니다.

현실적으로는 개인 투자가 입장에서 이런 내용들을 완벽하게 잘 알고 있어야 할 이유는 없습니다. 다만 우리의 투자 성과를 위해 최소한 주식시장에서의 추세만큼은 추세 그대로 이해하고 받아들일 필요가 있습니다. 그렇게 해서 자산 배분의 결정을 위해 증시 자체를 분석하든 하나의 종목 투자를 위해 종목 하나만 바라보든 상관없이 그 추세 자체를 이해하는 것이 매우 중요한 일이라고 하겠습니다.

제가 생각하는 추세에 대해서 위의 내용처럼 말씀을 드려도 쉽게 접근하지 못하시는 분들이 많습니다. 왜냐면 추세라는 것이 무엇인지는 알겠는데 과연 어느 정도 움직여야 추세로 받아들일 수 있는가가 명확하지 않기 때문입니다. 결국 추세를 이해함에 있어 실질적으로 중요한 문제는 기간의 설정이라 하겠습니다. 그런데 이 기간의 결정은 각 개인의 투자 성향과 환경에 따라 달라집니다. 저의 예를 들어서 설명을 드리겠습니다. 앞서 저는 실제 투자 기간이 1년을 넘지 않는다고 말씀드렸습니다. 그래서 저의 회사 모니터 속 그래프는 모두 다 기간이 1년으로 설정되어 있습니다. 그리고 이 1년의 기간에 의미 있는 추세로 인식하려면 저는 최소한 1달 이상은 올라야 한다는 관점을 적용하고 있습니다. 그래서 저에게 가장 중요한 추세 지표는 20MA(MA : 이동평균선)입니다. 저보다 투자 기간이 긴 사람은 이보다 더 긴 시간 변수 하에서 더 긴 추세를 진정한 추세라고 인식함이 옳을 것입니다. 만일 아주 짧은 투자 기간을 갖는 데이 트레이딩 투자가라면 저처럼 1년짜리 그래프를 볼 필요도 없고 20MA 가 중요하지도 않을 것입니다. 이렇듯 추세를 정하는 것은 정해진 정답이 있는 것이 아니라 각자의 환경에 따라 달라진다는 점을 꼭 이해하셨으면 좋겠습니다. 그러므로 이 책을 읽으면서 각자 자신의 투자 환경에 맞는 추세 조건을 설정한 다음에 추세를 이해하셨으면 좋겠습니다. 단 어떤 추세든 추세에 관해 꼭 알아야 할 중요한 사항이 있습니다. 그것은 추세가 길면 길수록, 그리고 가파르면 가파를수록 그 추세는 더 강하다는 것입니다. 반대로 말하자면 기간이 짧은 추세는 조금의 움직임으로도 추세가 바뀌기 쉽고 완만한 추세도 조금만 다른 움직임이 있어도 추세가 바뀌기 쉽습니다. 이것은 추세의 관점에서 보면 명제에 가까운 부분이니 꼭 이해하셨으면 좋겠습니다.

(여기서 잠깐! 추세를 파악하기 위해 MA 즉 이동평균선을 많이 사용하는데요. 그래서 MA에 관해 간략하게나마 확실하게 이해하고 있으면 도움이 됩니다. MA란 해당 기간 동안 그 주식을 매수한 사람들의 평균 가격을 말하는 것입니다. 5MA란 일주일 동안 이 주식을 산 사람들의 평균 가격입니다. 20MA라면 한 달 동안의 평균 매수가격이겠고 60MA라면 3달 동안의 평균 매수가격으로 보면 되겠습니다. 굉장히 쉽지만 도움이 되는 개념입니다.)

No.5 주도주

2

주도주를 이해하라

● 주도주란 무엇인가? ●

앞서 주식 비중을 결정하기 위해 증시 자체를 분석함에 있어 지수로 표현되는 증시의 추세 형성 여부와 함께 주도주의 형성 여부, 그리고 주도주의 상승 여부가 중요한 점검 사항이라고 했습니다. 그렇다면 이번에는 주도주란 과연 무엇인지 한번 살펴보도록 하겠습니다.

우선 주도주라는 개념을 확실하게 이해할 필요가 있습니다. 지난 20여 년간 증권가에서 일해 오면서 주도주를 특정 기간 동안 가장 많이 오른 특징주와 혼돈하는 경우를 너무나 많이 보았기 때문입니다. 시차라는 변수에 의해 가려지지만 결국 증시는 경기의 방향성과 일치합니다. 물론 경기의 방향성이 형성되는 시점과 증시의 상승 시점의 시차가 존재하기 때문에(보통 증시가 선행합니다) 경기를 두고 증시를 분석하는 것은 쉽지 않은 일입니다. 하지만 궁극적으로 경기의 방향성과 증시의 방향성이 유사한 궤적을 갖게 되는 것은 당연한 일입니다. 주가란 기업 이익의 함수이기 때문입니다. 그러므로 경기라는 문제를 고민하지 않을 수 없는데 여기에서 바로 주도주라는 개념이 형성됩니다.

경기가 좋다는 것은 무엇을 의미할까요? 경기가 좋다는 말은 여러 다른 말로 표현할 수 있겠지만 가장 쉽게 표현하자면 결국 수요가 증가한다는 의미입니다. 기존의 제품에 대한 수요가 폭발적으로 증가하는 구간이 될 수도 있고, 기존에는 거의 없었던 것에 대한 새로운 수요가 발생할 때도 있습니다. 이전에 비해 수요가 강하게 생기면 경제활동이 활발해지고 결국 경기가 좋아지게 되는 것입니다. 반대로 수요가 축소되면 경기가 나빠지는 것이고요. 이 때문에 경기가 나빠질 조짐이 보이면 수요를 유지시키기 위해 정부와 중앙은행이 금리를 내리거나 수요를 진작시키는 경기 부양책을 사용하는 것입니다.

　일반적으로 경기는 상승과 하락이 순환적으로 반복됩니다. 특별히 폭발적인 수요의 증가가 나타나거나 새로운 것에 대한 수요가 발생하지 않으면 순환적인 경기 상승과 하락만 나타나고 증시에는 큰 변화가 없습니다. 물론 증시에서 상승과 하락이 나타나기는 하지만 이미 기업들은 이 순환적인 경기의 상승과 하락에 대해 충분한 대비를 하고 있어 기업 실적의 변화는 크지 않기 때문입니다.

　하지만 기존의 수요보다 폭발적인 수요 혹은 새로운 것에 대한 수요가 증가하기 시작하면 증시는 들썩이게 됩니다. 그리고 경기는 기존과는 다른 진폭의 경기 상승을 보이게 되고 혹은 그렇지 않다 하더라도 이 과정에서 가장 혜택을 받는 산업과 기업이 바로 주도주가 됩니다. 이것이 바로 주도주가 형성되는 과정입니다. 즉 주도주란 경기를 실제로 이끄는 산업(경제지표상에서는 미미하게 나타날지라도)의 핵심 종목들을 의미하며 이 주도주가 하나의 증시 사이클에서 가장 핵심적인 역할을 하게 됩니다. "하나의 사이클에는 하나의 주도주만 존재한다"라는 증시 격언이나 "주도주가 끝날 때까지는 증시 사이클이 유효하다"라는 증시 격언들은 바로 이 주도주의 개념을 잘 표현해 주는 것이라 하겠습니다.

그렇기 때문에 주도주를 확실하게 인식할 수 있다면 주식에서 실패할 확률이 크게 줄어듭니다. 일단 주식 비중을 높일 수 있고 이 주도주의 동향을 통해 적절한 시점에서 주식 비중을 줄일 수도 있게 되기 때문입니다. 즉 가장 중요한 단계인 자산 배분의 단계가 쉬워지는 것입니다. 당연히 높은 수익을 획득할 수 있게 되겠죠. 주도주가 그 사이클에서 무조건 최고의 수익률을 주는 것은 아니지만 당연히 가장 높은 수익을 주는 종목 중 하나이기 때문입니다.

주도주의 개념은 너무나 중요하기 때문에 우리 증시에서 주도주의 역사를 2000년 이후부터 한번 되짚어 보도록 하겠습니다. 실제 사례를 돌아보면 "아, 이것이 바로 주도주구나"라며 그 개념을 보다 명확히 이해할 수 있을 겁니다.

● 한국 증시 주도주의 역사 ●

2000년대 우리 시장의 상승 사이클은 사실상 2010년 중반까지의 모든 것을 중국의 경제 성장으로 설명할 수 있습니다. 수요의 측면에서 설명을 해 보자면, 지금은 G2로 불리는 국가이지만 20세기만 하

주식 투자 잘하는 사람들의 7가지 무기

더라도 전 세계 경제에 큰 역할을 하지 못했던 중국이 본격적인 성장을 하면서 그들의 수요 변화에 의해 우리 시장의 경제 사이클이 변화하는 과정에서 주도주가 만들어졌던 것입니다.

1) 중국의 산업화 시작: 2005년~2007년 중반까지

본격적으로 중국의 산업화가 글로벌 경제와 우리나라 경제에 영향을 주기 시작하는 시기입니다. 물론 그전부터 중국의 산업화는 시작되고 있었습니다. 하지만 이전까지는 그 규모가 크지 않아 우리나라 경제나 글로벌 경제에 큰 영향을 미치지 못했지만, 2004년을 넘어서면서부터 막대한 규모로 성장하면서 우리 경제와 글로벌 경제에 직접적인 영향을 미치기 시작합니다. 복잡하게 설명하지 않고 수요의 측면에서 최대한 간략하게 이야기해 보겠습니다.

중국의 초기 산업화는 말 그대로 산업화였습니다. 도시화 사회를 만들기 시작한 것이었는데요. 현대식 길을 만들고 도시를 만들었습니다. 이런 산업화와 도시화를 진행하게 되면, 그것도 중국처럼 어마어마한 인구를 가진 국가가 산업화를 진행하게 되면 이전과는 비교도 할 수 없을 만큼의 기초 소재에 대한 수요가 뒤따르게 됩니다. 건물이나 도로를 짓기 위한 시멘트, 철강 제품을 만들기 위한 철광석 수요량이 기하급수적으로 증가할 수밖에 없습니다. 그래서 이전에도 있었지만 이전과는 확연히 다른 규모의 수요가 기초 소재를 중심으로 발생하게 된 것입니다.

우리나라의 입장에서 보면 바로 인접국에서 이런 어마어마한 기초 소재에 대한 수요가 발생하는 혜택을 고스란히 받을 수밖에 없었는데요. 그래서 우리 주식시장은 POSCO와 같은 기초 소재주나 현대중공업(현재 한국조선해양)과 같은 조선주가 증시의 주도주로 자리 잡게 됩니다.

이 과정에서 조선주가 주도주가 된 사연은 간단합니다. 당시 중국

● **30년간 호주의 증시 변화 (1993~2020)**

주식 투자 잘하는 사람들의 7가지 무기

은 철광석과 같은 기초 소재를 해외로부터 어마어마하게 구매하기 시작합니다. 그런데 이런 기초 소재를 수입하려면 당연히 배가 필요합니다. 마침 30년 만에 글로벌 조선 시장의 교체 수요 사이클까지 겹쳐 버렸습니다. 자연스럽게 전 세계는 배를 주문하지 못해 안달이 날 수밖에 없었습니다. 앞쪽의 그래프는 지난 30년 동안의 호주 증시 그래프입니다. 동그라미로 표시한 부분이 바로 지금 설명한 기간인데 상승 폭이 엄청났다는 것을 알 수 있습니다. 호주 증시도 이 시기가 정말 봄날이었습니다. 호주는 전 세계 철광석의 보고이기 때문입니다.

중국의 산업화에 따른 기초 소재에 대한 엄청난 수요 발생은 한국의 증권시장에도 의미 있는 변곡점을 만들었습니다. 이전까지 우리 증시는 500pt에서 1,000pt를 왔다 갔다 하는 박스권이었지만 이 시기를 기점으로 드디어 지긋지긋한 박스권을 탈피해 본격적인 네 자리 수 지수대가 형성되었던 것입니다. 그리고 앞서 말한 대로 시장의 주도주는 중국의 기초 소재에 대한 수요에 직접적인 수혜를 입은 조선주, 철강주, 화학주 등 소재 산업재 기업들이었습니다. 당시의 주가지수 그래프와 주도주인 현대중공업, POSCO의 그래프를 차례대로 보면서 직접 확인해 보시기 바랍니다. 이후 중국의 산업화가 중국의 의도적인 성장률 축소와 함께 둔화되면서 우리 시장의 증시 역사상 가

● KOSPI 변화 (2004~2008)

● 현대중공업 주가 변화

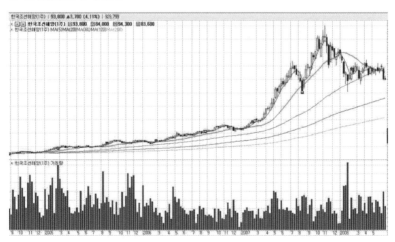

● POSCO 주가 변화

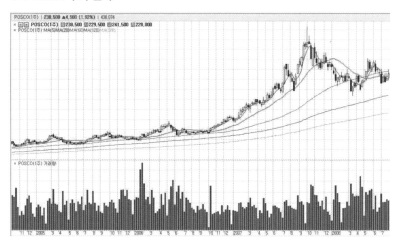

장 강력했던 상승 사이클도 마무리되게 됩니다.

2) 중국, 금융위기에서 전 세계를 구하다: 2008년 말~ 2011년 중반까지

중국의 산업화와 함께 폭발적인 증시 상승을 하던 우리 시장은 중국의 성장 둔화와 함께 조정 국면에 진입합니다. 하나의 사이클이 종료된 이후 상승세를 잃어버리고 정체를 보이던 우리 시장은 글로벌한 쇼크를 경험하게 되는데요. 그것은 잘 아시는 바와 같이 미국에서 촉발된 금융위기입니다. 안 그래도 좋지 않았던 우리 증시는 2008년

9월과 10월 사이에 KOSPI 지수가 1,500pt에서 890pt까지 급락하는 사상 초유의 사태를 맞이하게 됩니다. 당시 우리나라뿐 아니라 전 세계 금융시장이 급속히 붕괴되었는데요. 단순히 주식시장만 붕괴된 것이 아니라 글로벌 경제 시스템 자체가 급속도로 경화되는 경기 위축을 겪었습니다. 1930년 대공황에 비유될 정도의 위기였습니다.

이런 글로벌 경기 위축 상황에서 전 세계 경제 위기를 막았던 구원투수가 있었으니 이는 다름 아닌 중국이었습니다. 한참 산업화를 통해 경제가 성장하던 시기에 발생한 글로벌 금융위기는 중국 입장에서도 치명적이었습니다. 지난 몇 년간 쏟아부었던 노력이 한순간에 물거품이 될 수도 있었기 때문입니다. 그래서 중국 정부는 이전보다 더 강력한 재정정책을 펼치기 시작합니다. 앞서 결국 경기가 좋다는 말은 수요가 좋다는 말이라고 설명한 바 있습니다. 따라서 당시는 금융위기로 인해 수요가 급격하게 축소된 상황에서 중국 정부가 본격적인 수요의 주체가 되었던 시기라고 표현할 수 있겠습니다. 적극적인 중국 정부의 대규모 재정정책은 내수의 발달이라는 자연적 수요와 함께 폭발적인 수요를 만들어 냈으며 이것이 결국 금융위기에 빠진 글로벌 경제를 살려 냈다고 해도 과언이 아닙니다. 특히 서브프라임 사태로 충격이 컸던 미국 입장에서는 중국에 절이라도 해야 할 상황이었던 것이죠.

　이 부분을 주식시장에 더 집중해서 설명해 보겠습니다. 중국은 산업화에 더 많은 돈을 투입하면서 더 많은 도시화와 더 많은 인프라 투자를 진행합니다. 그리고 이 과정에서 중국 내부적으로는 국민들의 고용이 좋아지고 가계의 소득이 급격하게 증대하는 효과가 나타납니다. 이렇게 고용 상황이 좋아지면서 가계의 소득이 증가하면 제일 먼저 주택을 구매하고 이와 함께 내구재* 소비를 시작하게 됩니다. 특히 이 시기 중국은 자동차 판매를 증대하고자 대규모 보조금 정책을 취하기까지 했습니다. 경제와 증시 입장에서 보자면 내구재 소비와 관련된 수요가 급격하게 증가한 것입니다. 우리나라에서는 이 내구재 수요 증가에 가장 큰 수혜를 받은 이른바 '차화정(자동차, 화학, 정유)'이 시장의 주도주로 등장하게 됩니다. 다음의 그래프들은 2008년 금융위기에서 극적으로 벗어난 우리나라의 KOSPI 지수, 그리고 이 시기의 주도주였던 롯데케미칼과 현대차의 그래프입니다.

　다음 그래프에서 보이는 강력했던 '차화정' 주도주의 증시는 유럽 재정위기의 발발과 함께 장렬하게 마무리되고 맙니다. 유럽의 경우 중국과의 교역 관계가 매우 높은 지역입니다. 그런

*　가계에서 소비하는 제품 중 가격은 비싸지만 오래 쓰는 제품. 대표적으로 자동차, 가구, TV 가전 등이 있다.

● KOSPI 변화 (2009~2012)

● 롯데케미칼 주가 변화

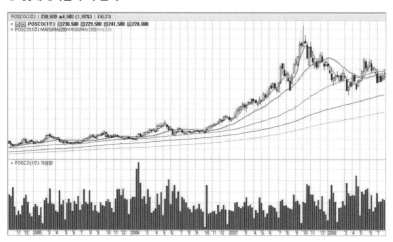

주식 투자 잘하는 사람들의 7가지 무기

● 현대차 주가 변화

데 주 교역 지역에서 국가의 재정위기가 발생했기 때문에 중국 정부가 아무리 돈을 더 풀어서 위기를 막아 내려 해도 감당할 수가 없었습니다. 또한 중국은 두 차례의 대규모 재정 집행이 국가의 과잉 설비로 이어지면서 국가 내부적으로도 본격적인 성장률 둔화라는 위기에 놓이게 됩니다. 우리 증시의 경우 대외 의존도가 높을 수밖에 없었던 상황에서 유럽 재정위기와 중국의 본격적인 성장률 둔화 위기를 피해 갈 수 없었고, 때문에 증시는 또 한 번의 강력한 상승세를 일단락하게 된 것입니다.

3) 중국 소비가 폭발하다

다음으로 소개할 증시 사이클과 주도주는 한마디로 중국의 개인 소비 폭발 덕분입니다. 그런데 이러한 중국의 개인 소비 폭발은 앞에서의 과정을 경험했다면 어쩌면 매우 당연한 흐름이라고 할 수 있습니다. 앞에서 저는 2000년대 중반부터 중국의 본격적인 산업화 규모가 세계 경제에 영향을 미칠 만큼 커지기 시작했다고 했습니다. 그리고 이 산업화 덕분에 중국인들의 고용 상황이 좋아졌고, 그래서 중국의 내구재 소비가 우리 시장의 상승을 이끌었다고도 말했습니다. 고용이 좋아지면서 소득이 큰 폭으로 증가하면 처음에는 주택을 구매하고 값비싼 내구재를 소비하게 됩니다. 그런데 내구재란 단어 자체가 정의하듯 비싼 대신 오래 쓰는 물건입니다. 즉 계속적으로 폭발적인 소비가 일어나기 힘든 상품입니다.

중국 개인과 가계의 입장에서 생각해 보겠습니다. 취업을 했고 소득이 올라갔고 덕분에 집을 구할 수 있었으며 자동차나 가구 등을 살 수 있었습니다. 그런 다음에는 과연 무슨 소비를 하게 될까요? 그렇습니다. 그다음부터는 사치 소비재에 눈을 돌리기 시작합니다. 여기서 사치 소비재란 꼭 필요하지는 않지만 돈이 생기면 사고 싶은 소비재를 말합니다. 귀금속이나 화장품, 해외여행 등이 대표적인 사치

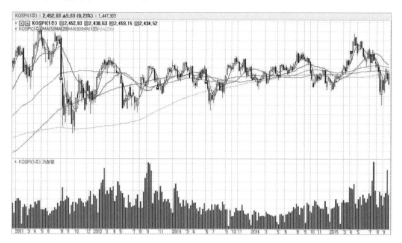

소비재라 할 수 있습니다. 중국의 저 거대한 인구가 본격적으로 사치 소비재를 소비하기 시작한 시기는 바로 유럽의 재정위기를 지나는 시점부터입니다.

이제 당시의 우리나라의 KOSPI 지수를 보여 드리겠습니다.

위의 그래프와 같이 사실상 우리나라 증시는 큰 변화 없이 장기간 횡보의 흐름을 보였습니다. 그래서 당시 KOSPI의 별명이 '박스피'이기도 했지요. 그런데 이때의 증시가 과연 안 좋았던 시기일까요? 종합주가지수로만 보자면 좋아 보이지 않지만 결코 나쁜 증시가 아니었습니다. 왜냐하면 앞서 말한 중국의 소비 폭발로 인해 '호텔신라',

'아모레퍼시픽', 'LG생활건강'과 같은 주도주가 존재했던 시기였기 때문입니다. 다만 주가지수가 횡보를 보인 이유는 우리나라 KOSPI 지수의 시총 구성이 지나치게 산업재 위주로 짜여져 있었기 때문입니다. 사실상 주가지수란 것은 시가총액의 합이기 때문에 주가지수는 시총 상위 주가 흐름에 상당 부분 영향을 받을 수밖에 없습니다.

그런데 당시 상황은 모든 산업재에게 안 좋은 시기였습니다. 우리나라 산업재 수요를 이끌었던 중국은 지난 금융위기 돌파를 위한 대규모 재정 확대 정책의 반작용으로 고정자산 투자를 줄이기 시작했고 미국과 유럽은 재정위기 속에서 제대로 벗어나지 못하고 있었기 때문입니다. 그래서 주가지수는 좋지 않았던 시기였음에도 불구하고, 중국의 개인 소비 수요의 폭발이 있었기에 산업재를 제외한 종목은 꽃길을 걷고 있었습니다.

당시의 호텔신라, CJ의 주가 흐름을 살펴보겠습니다.

● 호텔신라 주가 변화

● CJ 주가 변화

그래프에서 보는 것처럼 이들의 주가 상승을 통해 증시는 소비재 섹터를 중심으로 강한 상승장이 있었습니다. 그러나 영원히 꽃길만 걸을 수는 없겠죠. 중국에서 본격적인 부채 관리를 하기 시작하면서 중국의 대규모 소비 붐 역시 종료를 맞이하게 되고 관련 종목들의 주가 랠리는 종료됩니다. 당시 사드(THAAD) 문제로 인한 한국과 중국 간의 긴장 증대도 한몫을 했습니다.

지금까지 한국 증시에서 주도주의 역사를 알아봤습니다. 앞에서 설명한 대로 주도주란 단순히 하나의 증시 사이클에서 가장 많이 상승하는 종목을 말하는 것이 아닙니다. 실제로 경기 상승을 일으키는 핵심적인 산업의 핵심 종목을 말하는 것이며, 그래서 주도주의 상승이 종료되면 증시 전체의 상승이 종료되는 것입니다. 앞으로도 수많은 주도주가 우리 앞에 등장하게 될 것입니다. 그리고 주도주가 등장하게 되면 증시는 반드시 좋아집니다. 다음에 나타날 주도주는 꼭 여러분의 포트폴리오에서 가장 높은 비중으로 편입되어 있기를 바랍니다.

4) 우량주에 장기 투자하라?

대부분의 주식 전문가들이 개인 투자가들에게 조언을 할 때 가장 많이 하는 말은 "우량주에 장기 투자하라"일 것입니다. 저도 일견 동의합니다. 주식이란 속성상 장기적으로 보유하고 있을 때 성공할 확률이 단기로 주식을 보유할 때보다 훨씬 더 높기 때문입니다. 복리의 효과도 누릴 수 있으니 일석이조라고도 할 수 있습니다.

그런데 문제는 '우량주'라는 말이 참으로 애매모호하다는 것입니다. 우량주란 전반적으로 좋은 회사라는 것인데 좋은 회사가 항상 좋은 투자 수익률을 주는 것도 아니고, '좋다'라는 개념 역시 경우에 따라 상당히 불분명하기 때문입니다. 또 좋은 주식이라는 의미가 '지금 좋다'라는 것인지 아니면 '장기적으로 좋다'는 것인지도 애매합니다. "장기적으로 성장성 있는 회사에 장기 투자하라"라고 하면 적절할 것 같은데, 이 역시 중요한 문제가 남습니다. 장기적으로 성장성 있는 회사를 고르는 것 자체가 매우 어렵기 때문입니다. 지금도 좋고 장기적으로도 분명히 성장할 회사를 고르려면 미래를 이해하는 혜안이 필요합니다. 그런데 아쉽게도 주식 전문가들 중에서 미래를 내다보는 혜안이 있는 사람은 극히 일부에 불과한 것이 사실입니다.

보통 좋은 주식이나 우량주라고 하면 그 당시에 좋은 주식을 이야기하기가 쉽습니다. 그리고 그 당시 좋은 주식이라고 하면 앞서 설명한 당시 시장의 주도주를 말할 가능성이 높습니다. 그러면 당시 가장 좋았던 시장 상승의 주도주를 장기 보유했을 때 결과는 어떻게 되었을까요? 이해하기 편하도록 앞서 소개한 주도주들의 이후 주가 상황을 그래프로 보여 드리겠습니다.

조금 끔찍하게 느껴질 수도 있습니다. 당시에 그렇게 주목받고 각광받던 소위 우량주라 불리던 주식들을 각광받던 시점에 매수했지만 매도해야 하는 시기에 매도하지 못했을 경우 그 결과물을 보면 참

● **현대중공업 주가 변화**

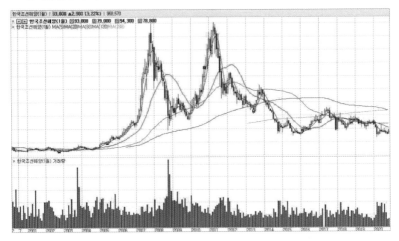

● 아모레퍼시픽 주가 변화

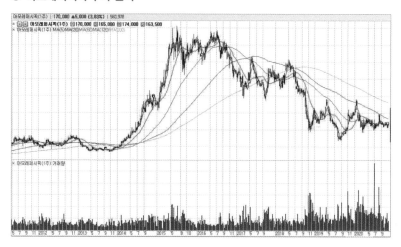

으로 참담합니다. 10년(혹은 그 이상)이 넘도록 본전을 찾지 못할 수도 있습니다. 만약 30대에 투자해서 10년을 가지고 있었다면 충분히 장기 투자했다고 볼 수 있을 텐데 오히려 여전히 손실이라면 '우량주에 장기 투자하는 것'도 한 번쯤 심각하게 고민해 볼 일입니다. 사실 우리나라 증시에서 장기 투자를 해서 성공을 안겨 준 주식들은 그 유명한 삼성전자를 비롯해서 몇몇 회사에 불과합니다. 그래서 우리나라에서 주식 투자를 하면 "삼성전자나 사서 묻어놔"라고 하는 것인지도 모르겠습니다. 우량주를 장기 투자하는 것은 서두에서 말씀드린 대로 매우 좋은 투자 방법입니다. 하지만 장기 투자란 것이 쉽게 아무 주식이나 사서 성공할 수 있는 것은 결코 아니라는 점을 꼭 이해하셨으면 좋겠습니다.

주도주를 설명하면서 이런 이야기를 하는 이유는 주도주 역시 언젠가는 반드시 팔아야 할 종목이라는 점을 설명하기 위해서입니다. 그런데 안타깝게도 현실적으로 주도주가 꺾인 상황에서 주도주를 판다는 것이 생각보다 쉽지 않습니다. 앞서 주도주는 당시 경제 상황을 이끄는 업종의 대표주라고 했는데요. 그렇기 때문에 각 증권사마다 주도주를 전담하는 애널리스트가 기하급수적으로 많아질 수밖에 없습니다. 이 말은 이 주도주에 대한 좋은 보고서가 계속해서 발행될 확률이 매우 높다는 뜻입니다.

또한 보통 주가는 실적을 선반영하는 것이 일반적인 속성입니다. 그래서 정작 주가가 꺾이고 난 후에도 실적만 놓고 보면 상당 기간 호실적이 나오는 경우가 많습니다. 그래서 주가가 싸다라고 평가받는 경우도 많아집니다. 좋은 실적이 나오는데 주가 수준은 이전보다 낮으니 당연히 주식을 사라는 말을 하지 매도하라는 말을 하지는 않을 것입니다. 이렇다 보니 투자를 하고 나서 이전처럼 수익이 나기보다는 서서히 손실이 나기 시작하는 데도 빠져나오지 못하는 것입니다.

이 주식이 올라가야 할 이유가 사방 천지에 널려 있기 때문입니다. 이것이 바로 주도주를 팔기 어려운 이유입니다.

하지만 주도주가 이전과 다른 분명한 추세를 보이고 있고, 증시 역시 같은 흐름을 보이고 있다면 팔아야 합니다. 그렇지 않았다가는 앞서 본 끔찍한 결과의 그래프가 내가 가진 주식의 그래프가 될 수도 있습니다.

🔧 KEY POINT

지금까지 우리 시장 주도주의 역사를 살펴보았고 이를 통해 주도주의 의미를 전달하고자 했습니다.

정리해 보겠습니다. 주도주란 당시의 경기를 이끄는 수요와 가장 밀접한 관련이 있는 업종을 중심으로 형성되기 마련입니다. 그렇기 때문에 주도주가 꺾인다는 것은 당시 경기를 이끌었던 수요의 둔화 혹은 변화가 생겼다는 것을 의미하며 그렇기 때문에 주도주가 꺾이면 시장의 상승 랠리는 종료될 가능성이 매우 높습니다. 그리고 주도주는 하나의 경기 사이클을 통해서 탄생하는 것이기 때문에 하나의 증시 상승 사이클에서 전혀 다른 업종으로 주도주가 변하지는 않습니다. 따라서 주도주가 하락으로 전환되면 다른 업종이 상승을 이어받기보다는 시장 전체의 상승이 마감될 가능성이 훨씬 더 높은 것입니다.

이런 특징과 속성을 가지고 있는 주도주를 파악하게 되면 여러모로 큰 혜택을 얻을 수 있습니다. 첫 번째는 좋은 수익률을 거둘 수 있습니다. 당연히 주도주는 상승 사이클상에서 가장 높은 수익률을 주는 종목군 중 하나일 테니 말입니다.

두 번째는 보다 더 중요하고 핵심적인 이유인데, 주식 투자를 줄여야 하는 시점을 알려준다는 점입니다. 우리는 앞서 결국 투자 수익률에 가장 큰 영향을 미치는 것은 자산 배분 즉 주식 투자 규모를 결정하는 것이라고 이해했습니다. 따라서 주도주를 알면 주도주의 상승이 종료되는 것과 함께 증시 상승 사이클이 종료되는 속성으로 인해 주식 투자 규모를 축소시킬 수 있는 시점을 파악할 수 있게 됩니다. 이것이 주도주를 이해하고 주도주를 보유했을 때 얻을 수 있는 가장 중요한 혜택이라 하겠습니다. 그렇기 때문에 우리는 앞으로도 절대 주도주를 중심으로 시장을 바라봐야 하며 항상 주도주가 있는지 그리고 주도주가 무엇인지 찾는 데 가장 큰 노력을 기울여야 할 것입니다.

마지막으로 설령 주도주라 하더라도 영원히 좋은 주식인 것은 아닙니다. 주식 투자 사이클은 항상 버블을 동반합니다. 그리고 한 번 사이클에서 큰 혜택을 얻은 업종은 당시에 얻었던 혜택 때문에 상당한 기간 동안 후유증에 시달릴 가능성이 높습니다. 그러므로 주도주가 시장 투자가들이 이야기하는 것과 달리 좋은 추세에서 완전히 벗어났다면 우리도 냉정하게 그 아름다웠던 주도주와 이별할 필요가 있습니다.

이러한 점들을 잘 고려해서, 앞으로는 여러분의 포트폴리오에 주도주가 가장 높은 비중으로 자리 잡을 수 있기를 바랍니다.

3

변곡점을 정복하라

앞에서 '추세'를 이해하고 추세를 추종하는 제 관점에 대해 이야기한 바 있습니다. 이를 위해서 저는 매일 주요 자산들의 추세 상황을 점검한다고도 했는데요. 매일매일 추세를 점검하면서 '변곡점의 발생 여부'를 파악하려고 노력하고 있습니다. 추세가 가장 중요하기 때문에 추세가 형성되기 시작하는 변곡점의 발생 여부가 당연히 중요해지기 때문입니다. 또한 결국 우리가 하고자 하는 일은 주식을 사고파는 일이기 때문에 변곡점이 주식을 사고파는 시그널이 된다고 할 수 있으니 역시나 매우 중요하다고 하겠습니다.

주식을 사고팔아야 하는 기준이 되는 변곡점은 수없이 많이 존재합니다. 그리고 그것을 파악하기 위해 많은 투자가들이 기술적 분석이라는 방법에 매진합니다. 하지만 추세를 추종하는 입장에서 생각해 보면 저에게 필요한 변곡점은 딱 4개만 존재합니다. 그 외의 다른 수많은 변곡점들은 적어도 저에게 신호이기보다는 '소음'으로 작용하기 때문입니다. 그래서 앞으로 설명할 4개의 변곡점만 이해하더라도 추세를 이용해 리스크를 관리하고 수익을 내는 데 큰 도움이 될 것이라 확신합니다.

4가지의 변곡점을 하나씩 설명하기에 앞서 제가 이해하는 변곡점의 기준에 대해 먼저 이야기하겠습니다. 이 기준만 이해한다면 앞으로 설명할 4가지의 변곡점에 대해서도 아주 쉽게 이해할 수 있을 겁니다.

제가 변곡점을 인식하는 기준은 바로 '기울기'입니다. 기존의 추세보다 더 강하고 가파른 기울기가 형성되면 추세가 바뀌는 변곡점이 만들어진다는 것이 추세와 변곡점에 대한 저의 결론입니다. 그런데 이 기울기란 결국 2차 함수이기 때문에 기울기의 훼손 정도를 보면서 과연 어떤 추세(단기인지 중기인지)에 대한 변곡이 형성되었는지를 파악할 수 있습니다. 그림으로 설명해 보겠습니다.

● **변곡점인 경우와 변곡점이 아닌 경우** (하락 vs 조정)

　　왼쪽 그림은 추세의 변화가 온 것으로 해석합니다. 즉 상승 추세가 종료되는 것으로 이해할 수 있고 오른쪽은 추세가 유효한 것으로 해석합니다. 그리고 지난 1주일 동안 오른 기울기보다 가파른 하락 기울기가 형성되었으나 지난 3개월 간의 상승 기울기보다는 완만한 하락이 나타난다고 하면 초단기 상승은 종료, 그러나 중기 상승은 유효하다는 식으로 이해하시면 됩니다. 그리고 이와 같은 상황에서 단기 투자가라면 포지션 변화를, 중장기 투자가라면 포지션 유지를 한다면 큰 무리가 없을 것입니다. 자 그러면 이처럼 기울기에 대한 기본적인 생각을 바탕으로 우리에게 꼭 필요한 4개의 변곡점에 대해서 알아보도록 하겠습니다.

● Sell signal (보유 주식의 매도 사인) ●

주식은 사는 것보다 파는 것이 훨씬 더 어렵기 때문에 'Sell signal'
부터 말씀드리도록 하겠습니다. Sell signal은 당연히 상승 추세 상황
에서 발생하는 시그널입니다. 즉 보유한 주식을 파는 시그널입니다.
대표적인 형태를 그래프로 보여 드리도록 하겠습니다.

변곡   vs   조정(추세 지속)

그림에서 보는 것 같은 변곡점은 실제 그래프에서 보통의 경우 긴
음선의 형태가 대부분입니다. 여기에 거래량까지 폭발하는 상황이 되
면 더더욱 시그널이 분명해진다고 볼 수 있습니다. 단 하루의 음선이
지난 3일에서 길게는 5일 정도의 상승폭을 한 방에 상쇄시키는 수준
이 된다면 일단 단기 Sell sign으로 볼 수 있습니다. 그리고 그 후 연
속된 하락을 통해 보다 더 긴 약세 형태를 보이게 된다면 이는 단기 이
상 중기적인 추세에 대한 Sell sign이 된다고 보면 되겠습니다. 이럴 경

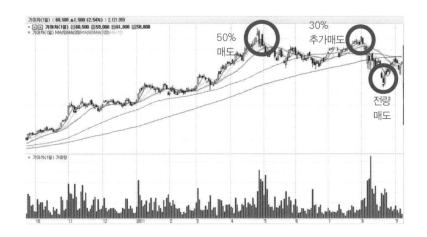

우 저는 최소한 보유 주식의 50% 이상은 축소하는 전략을 취합니다.

반복해서 하는 말이지만 '주식은 사는 것보다 파는 것이 훨씬 어렵기' 때문에 이 형태는 꼭 이해해야 할 변곡점의 형태입니다. 이 Sell sign의 발생을 이용해 제가 어떤 방식으로 보유 주식의 이익을 실현하는지, 포지션 축소는 어떻게 하는지 그림으로 보여 드리겠습니다. 최소한의 느낌이 오는지요?

이제 이 기울기와 관련한 추세와 매매의 대표적인 아이러니에 대해서 말씀드려 보겠습니다. 독자 여러분은 만약 보유한 주식이 급등하면 어떻게 하시나요? 많은 경우 급등했기 때문에 이익을 실현하는 전략을 선택합니다. 하지만 추세적 관점에서 보면 급등하는 것은 주식을 더 사는 이유가 되어야 하지 팔아야 하는 이유가 되지는 않습니다. 바로 앞에서 Sell sign은 기존의 상승 기울기보다 가파르게 하락하는 경우라고 했습니다.

그런데 주가가 급등했다는 것은 그만큼 상승하는 기울기가 가팔라졌다는 것을 의미합니다. 그렇기 때문에 그 상황에서 Sell sign이 나오려면 급등한 폭보다 더 큰 급락이 있어야 할 것입니다. Sell sign이 나오기가 더 힘들어지는 것입니다. 그렇기 때문에 급등을 한다는 것은 상승 추세가 강화되는 것이고 Sell sign이 나오려면 아주 강한 하락이 있거나 아니면 시간적으로 한참 후에 벌어지는 일이 될 것입니다. 따라서 상승세를 보이다가 급등세를 더 보이는 경우는 매도의 타이밍이 아니라 추세가 강화되는 것으로 보아야 합니다. 그러므로 이는 수익이 강화되는 상황이지 이익을 확정해야 하는 상황이 아닙니다. 저의 경우 추가 매수를 하는 경우가 더 많습니다. 추세의 관점에서 본다면 말입니다.

● Short cover signal (하락 추세의 종료 변곡점) ●

다음은 하락 추세의 종료 시그널입니다. 제가 이 변곡점을 두 번째로 설명하는 이유는 이 형태를 '바닥을 쳤다'는 표현과 함께 매수 사인으로 종종 오해하기 때문입니다. 그림으로 표현해 보겠습니다.

반전 vs 조정(추세 지속)

그림에서 볼 수 있듯이 반전은 그동안 하락하던 기울기보다 강한 기울기로 반등하는 경우입니다. 다시 하락하는 하락 전환 변곡점이 나타나기 전까지는 일단 기존의 하락 추세가 종료되는 상황을 알리는 신호라고 보면 되겠습니다. 저는 이런 추세의 이름을 Short cover sign이라고 붙였는데요. 그 이유는 대차 매도 포지션*을 가지고 있다고 가정할 때 이 신호가 나오면 매도 포지션을 청산하라는 신호로 받아들여야 한다고 판단하기 때문입니다. 대차 매도를 쉽게 할 수

> * 숏 포지션(Short Posotion) 혹은 공매도 포지션. 주식이나 통화, 선물, 옵션 등을 매도한 상태 혹은 매도한 수량이 매수한 수량을 초과한 상태를 말한다. 채무가 채권보다 많은 상태이며 상품 가격이 하락해야 이익을 얻을 수 있다.

없는 개인 투자가의 입장에서 본다면 별로 의미 없는 변곡점일 수 있겠습니다. 하지만 굳이 두 번째로 설명하는 이유는 위에서 말한 대로 이를 매수 신호로 종종 착각하는 경우가 있기 때문입니다. 물론 초단기 트레이딩의 입장에서 보면 매수 사인이 될 수도 있습니다. 하지만 추세의 관점에서 보면 하락 추세가 종료되는 사인이 매수의 이유가 될 수는 없습니다. 말 그대로 하락이 종료된 것이지 상승이 시작된 것은 아니기 때문입니다.

주식 투자를 하면 할수록 경험하게 되겠지만 하락이 바로 상승으로 전환되거나 상승이 바로 하락 추세로 전환되는 경우는 극히 드물게 나타납니다. 그보다는 하나의 추세가 종료된 이후에 비추세의 상황이 진행되다가 새로운 추세를 형성하는 것이 더욱 일반적인 흐름일 것입니다. 그러므로 이 Short cover signal을 매수 사인으로 보고 매수를 했다가는 상당 기간 수익도 손실도 나지 않는 구간을 경험할 확률이 더 높다 하겠습니다.

이번에도 추세와 매매의 아이러니에 대해 말씀드리겠습니다. 만약 보유하고 있는 주식이 다시 급락을 한다. 그것도 하루에 아주 큰 폭으로 급락한다면 어떻게 해야 할까요? 어떤 이유에서든 단기에 급락하는 상황이니 많은 경우 소위 '물을 타게'** 될 것입니다. 하지만 추세의 관점에서 보면 이 상황은 '물을 탈 것'이 아니라 과감한 손절이 더 필요한 흐름이라고 볼 수 있습니다.

급락한다는 것은 하락하는 기울기가 더 강해지고 하락하는 추세 역시 더욱 강해진다는 의미입니다. 물론 초단기 트레이딩에서는 좋은 기회가 될 수도 있겠지만 이는 상당한 기술이 필요한 문제이고 추세적 관점에서 볼 때는 매수 기회로 절대 인식해서는 안 됩니다. 왜냐하면 급락하면서 하락이 더 강화된다는 것은 그만큼 하락 추세가 더 길게 연장된다는 뜻이기 때문입니다. 떨어지는 칼날을 잡지 마라는 증시 격언도 바로 여기에서 나온 이야기입니다.

단 여기에서는 비추세 상황에서 나오는 급락인지 아니면 기존에 이미 하락 추세가 형성된 상태에서 나오는 하락인지는 꼭 구별해야 합니다.

** 주식 물 타기 : 내가 구매한 가격보다 주식의 시장가가 내려가는 경우 추가로 주식을 더 구매해서 평균 매입가를 낮추는 것.

● Long signal (상승 추세 전환 사인, 매수 사인) ●

이제 소개할 것은 매수 사인이라고 할 수 있는 Long signal입니다. 말 그대로 본격적으로 상승 추세로 전환된다는 신호로 볼 수 있는 주가 변화입니다. 반복해서 말하지만 주식을 투자하는 데 있어 가장 기본적인 원리는 '싸게 사서 비싸게 판다'라는 것인데요. 추세의 측면에서 생각해 보면 굉장히 반대의 개념으로 볼 수 있습니다. 왜냐하면 상승 추세로 전환된다는 것은 기존에 이미 주가 저점을 통과한 이후에 나타나는 흐름이기 때문입니다. 그림으로 표현해 보겠습니다.

그림에서 보는 바와 같이 Long signal은 저점을 파악하는 시그널이 아닙니다. 대신 이후 상승 추세의 형성을 기대해 볼 수 있는 시그널을 Long signal이라고 보는 것입니다. 그렇기 때문에 저점에 비해서 상당히 비싸게 주식을 사게 됩니다. 하지만 앞에서도 말씀드린 것처럼 제가 생각하는 주식이 주는 효용은 주가가 오를 때뿐입니다. 그

Long Signal

래서 저에게는 저점 대비 상당히 비싼 주가라 할지라도 Long signal
이 발생해야만 사야 하는 혹은 사고 싶은 주식이 됩니다. 제가 추세
를 바라보는 개념에서 매매를 생각한다면 '싸게 사서 비싸게 판다'는
생각보다는 '(저점보다) 비싸게 사서 (고점보다) 싸게 판다'의 생각으로
보시면 되겠습니다.

참고로, Long signal의 가장 큰 단점은 '속임 형'이 많다는 것입니
다. 제 경험으로 보자면 맨 처음 소개드린 Sell signal에 비해 속임 형
이 훨씬 많은 듯합니다. 그래서 저 역시도 Long signal인 줄 알고 샀
다가 속임 형임을 깨닫고 다시 손절매하거나 포지션을 청산하는 경우
가 허다합니다. 보다 확실한 시그널이 있다면 좋겠지만 주식을 사는
것은 언제든 다시 할 수 있는 문제입니다. 그래서 Long signal에서 속
임 형이 많이 나오는 것은 그나마 다행이라고도 하겠습니다. 저는 세
번 정도의 매수와 손절 이후에 결국 진짜 추세를 경험했던 적도 있었
습니다. 다시 한번 말하지만 주식은 주가가 상승할 때만 주식을 보유
하는 '효용'이 발생합니다.

◉ Short signal (대차 매도 사인) ◉

이제 마지막 변곡점인 Short signal입니다. 우리말로는 '대차 매도 사인'이라고 명명했는데, 추세의 입장에서 보자면 하락 추세의 형성 시그널입니다. 일반적으로 개인 투자가들은 대차 매도(공매도)를 하기가 어렵습니다. 그래서 개인 투자가의 입장에서 보면 그렇게 유용한 Signal이 아닐 수도 있습니다. 그럼에도 불구하고 이 하락 추세 변곡점을 중요한 변곡점의 하나로 설명하는 이유는 이 시그널이 나오는 주식은 어떤 이유에서라도 '포지션을 청산하라', '붙들고 있지 말라'라는 의미를 전하기 위해서입니다. 그림으로 보여 드리겠습니다.

보통 이런 하락 추세 형성 시그널이 나오면 대부분의 경우 단기에 급락을 동반합니다. 그래서 쉽사리 팔지 못하는 경우가 대부분인데요. 이 변곡점 이후로 본격적인 하락 추세가 형성되기 시작하면 그때부터는 정말 리스크 관리가 안 됩니다. 앞에서 우리가 주식 투자를

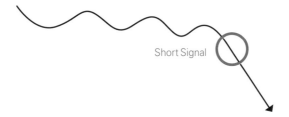

Short Signal

● 호텔신라 일봉

● 호텔신라 주봉

주식 투자 잘하는 사람들의 7가지 무기

하는 데 있어서 가장 있어서는 안 될 일이 50% 이상의 손실을 보면서 계좌 자체를 방치하는 일이라고 했습니다. 그런데 이 Short signal이 발생한 종목을 팔지 않고 들고 있다면 가장 있어서는 안 될 일이 발생할 확률이 높습니다. 이렇게 되면 주식 투자는 평생을 같이할 일이 아닌 다시는 쳐다보기도 싫은 일이 됩니다. 실제 사례를 그림으로 보여 드리겠습니다.

호텔신라의 그래프인데요. 2015년 11월 중순 급락하는 모습을 보입니다. 그런데 만약 이 날 팔지 못했다면 다음과 같이 됩니다.

보시는 바와 같이 호텔신라의 경우 Short signal이 나타난 시점에서 주식을 매도하지 못했을 경우 대규모 손실은 물론 Short signal 발생 시점의 가격을 이후 2년 넘게 회복하지 못하게 된다는 것을 알 수 있습니다. 너무나 끔찍하지 않습니까? 이런 일들이 개인 투자가들로 하여금 대부분 주식 투자에 대해 안 좋은 경험만 갖고 주식시장을 떠나게 만드는 케이스입니다. 여러분은 절대 이런 상황을 경험하지 않았으면 합니다.

이상으로 추세를 형성하게 만드는 변곡점에 대해서 설명드렸습니다. 실전에서는 매우 다양한 형태로 나타나기 때문에 대략적인 개념에서만 말씀을 드렸습니다. 다만 여기서 가장 중요한 점은 투자가 자신이 매매의 기준으로 삼는 기간의 추세를 정하고 그 기간의 추세가 훼손된 것인가 아닌가를 판단해야 한다는 점입니다. 이는 정답이 없으며 결국 자신이 정한 투자 기간에 대한 추세가 중요한 것입니다. 일주일이라도 물리기 싫다고 한다면 단기 추세의 변곡점 발생이 중요할 것이고 매매 기준 기간이 1달이라면 1달의 추세에 대한 변곡점 여부가 중요할 것입니다. 또한 추세를 단기로 보면 볼수록 속임 형이 많다는 것, 추세 변곡점에 대한 유효성이 상대적으로 떨어진다는 것도 명심하셨으면 좋겠습니다.

주식 투자 잘하는 사람들의 7가지 무기

KEY POINT

여기까지 추세의 입장에서 가장 중요하다고 생각하는 4개의 변곡점에 대해 설명했습니다.

주가 그래프가 우리가 머릿속에서 생각하는 것처럼 아름답고 깔끔하게 형성되는 것이 아니기 때문에 앞에서 소개한 그림처럼 명확하게 보이는 경우는 많지 않습니다. 따라서 지금까지의 해설이 다소 부족하게 느껴질 수도 있을 듯합니다. 실제 투자의 세상에서는 이러한 변곡점이 너무나도 다양한 형태로 나타나지만, 최소한 변곡점의 개념만 확실하게 가지고 있다면 몇 번의 시행착오를 거친 후 충분히 자신의 것으로 소화할 수 있을 것입니다.

솔직하게 말해서 저는 이 4가지의 변곡점 외에는 특별하게 이해하려고 노력하는 주가 그래프 상에서의 기술적 분석에 대한 지식이 거의 없는 편입니다. 그럼에도 저는 지난 20년 동안 이 4가지의 변곡점만으로도 전문 프랍 트레이더로서 제 몫을 해 왔다고 자부합니다. 또한 제가 소개한 형태가 실제 추세의 변곡점을 모두 다 설명하는 것도 아닙니다. 전혀 Sell sign이 아닌 것처럼 보이는 하락이 실제 상승 추세의 종료로 혹은 하락 추세의 시작으로 전개되는 것 역시 많이 봤습니다. 그러므로 이 4가지 변곡점이 모든 것을 설명하지는 못합니다. 하지만 어차피 우리가 증시의 모든 것을 다 알 수는 없습니다. 대신 이 4가지의 형태가 실제 변곡점이 될 확률 자체는 높다고 생각합니다. 어차피 투자라고 하는 것이 확률 싸움이라고 했을 때 추세를 바라보는 입장에서 이 4개의 변곡점 정도만 이해하더라도 충분할 것이라 믿습니다.

앞으로는 주식 투자를 할 때 관심 있는 주식은 언제 Long sign이 발생하는지, 보유하고 있는 주식이면 언제 Sell sign이 발생하는지 이것만 집중해서 보시기 바랍니다. 하루하루의 등락이 아니라 말입니다.

4장

프랍 트레이더의
리스크 관리

1

리스크란
무엇일까?

이번에는 모든 투자 관련 서적에서 빠지지 않는 주제인 '리스크'에 관해서 다뤄 보고자 합니다. 사실 리스크에 대해서 이야기한다는 것은 쉽지 않은 일입니다. 조금은 민망하고 쑥스럽기까지 한데요. 그만큼 리스크라는 것이 다루기 쉽지 않은 주제이기 때문입니다. 증권업계에서 투자를 직업으로 갖게 되면서 읽고 공부했던 책들 중 가장 기억에 많이 남는 것은 피터 번스타인의 《리스크(한국경제신문, 2008)》란 책입니다. 여러분도 많이 들어 보았을 나심 니콜라스 탈레브의 《블랙스완(동녘사이언스, 2018(개정판))》도 결국 리스크에 관한 책입니다.

리스크는 제대로 공부하자면 정말 한도 끝도 없는 주제입니다. 따라서 이번 장에서는 투자를 하면서 이해했으면 하는 최소한의 개념으로서의 리스크에 대해서 이야기하고자 합니다. 학문적이라기보다는 실제적이고 직관적인 지식이 될 수 있도록 말입니다.

우선 리스크가 무엇인지 이해해야 적절한 리스크 관리 혹은 리스크 통제가 가능할 것입니다. 리스크란 무엇인가라는 것만 하더라도 딱히 규정하기 쉽지 않지만 저는 투자의 세계에서 궁극의 리스크는 딱 하나, 바로 '내가 틀리는 것'이라고 말하고 싶습니다.

'리스크는 바로 내가 틀리는 것입니다'라고 이야기하면 이게 무슨 소리냐고 말할 수도 있지만 결국 제가 생각하는 리스크는 내가 모르는 것, 내 예상과 어긋나게 진행되는 것이라고 생각합니다.

나심 탈레브의 《블랙 스완》에서는 다음과 같은 이야기가 나옵니다. 미국의 카지노들은 종종 부도가 나곤 하는데요. 그래서 해마다 막대한 비용을 들여 리스크를 통제하기 위한 컨설팅을 받고 꼭 하지 말아야 할 리스크 점검 요인들을 명문화한다고 합니다. 그런데도 매년 변함없이 망하는 카지노가 생긴다고 합니다. 그렇다면 그런 일이 일어나는 이유는 무엇일까요? 이는 관리하고자 하는 리스크 점검 요인 이외의 요인에 의해서 문제가 발생하기 때문입니다. 즉 진짜 위험은 대비하지 못하는 곳에서 온다는 것이지요. 저는 이 사례야말로 리스크가 과연 무엇인가를 잘 규정해 주는 것이라 생각합니다.

제가 프랍 트레이더로서 본격적인 일을 시작한 후 세 번의 큰 시장 위기가 있었습니다. 2008년 미국발 금융위기, 2010년 유럽 재정위기 그리고 얼마 전 있었던 코로나로 인한 팬데믹이 그것이었습니다. 만일 제가 영화 〈빅 쇼트〉에 나오는 헤지펀드 매니저처럼 서브프라임 모기지가 결국 문제가 될 것임을 명확하게 예측할 수 있었다면, 제가 2010년 PIIGS 국가들의 재정이 무너지게 될 것을 예측할 수 있었다면, 2020년 코로나가 전 세계적인 감염병이 되어 경제에 충격을 줄 것이란 점을 예상할 수 있었다면 이 사건들은 저에게는 결코 위기가 아니었을 것입니다. 오히려 엄청난 수익을 거둘 수 있는 기회가 되었을 것입니다. 금융위기나 재정위기, 팬데믹 등이 위기였던 것은 미리 예상하지 못했거나 예상했다 하더라도 생각한 것보다 훨씬 더 큰 부정적 파장을 주었던 사건들이었기 때문입니다.

결국 리스크란 내가 모르는 것, 내가 틀리는 것, 그 이상도 이하도 아닙니다. 따라서 모든 것을 미리 알고 있다면 리스크 관리란 말 따위는 존재하지 않을 것입니다. 그러나 안타깝게도 우리는 세상의 모든 일을 알 수 없기에 항상 리스크에 놓일 수밖에 없는 것입니다.

이렇듯 리스크는 투자를 함에 있어 절대 제거할 수 없는 요소입니다. 그렇기 때문에 절대 제거할 수 없는 요소인 이 리스크를 잘 관리하고 제어하는 것이 바로 투자의 성패를 가른다고 할 수 있겠습니다. 피할 수 없으면 즐기라는 말이 있듯이 제거할 수 없다면 리스크를 오히려 더 적극적으로 이용해야 합니다.

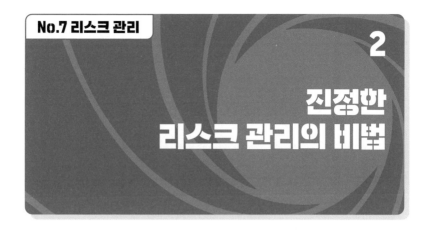

2

진정한 리스크 관리의 비법

앞서 간략하게 '리스크란 무엇일까?'에 대해 생각해 보았습니다. 그렇다면 리스크 관리란 무엇이겠습니까? 리스크라는 것이 '내가 틀리는 것'이라고 한다면 리스크 관리란 말 그대로 '내가 틀리는 것을 관리하는 것'입니다.

"리스크란 결국 내가 틀리는 것인데, 이미 틀려 버린 것을 어떻게 관리한다는 말인가?" 이렇게 말할 수도 있습니다. 물론 맞는 말입니다. 틀리는 것을 관리할 수는 없는 노릇이니까요. 그래서 제가 이야기하고자 하는 리스크 관리는 언제든 틀릴 수 있다는 것을 가정하고,

아니 틀릴 수밖에 없다는 것을 인정하고 내가 실제로 틀리더라도 큰 손실을 입지 않도록 미리 관리하는 것입니다. 결국 리스크를 관리한다는 것은 내 판단과 내 전략과 내 포트폴리오가 틀리지 않게 한다는 것이 아닙니다. 그보다는 언제든 틀릴 수 있다는 것을 인정하고 틀렸을 때 나의 전체 손익에 큰 상처를 주지 않게 사전적으로든 사후적으로든 관리하는 부분인 것입니다.

제가 생각하는 리스크 관리의 궁극적인 목적은 잘못된 관리로 인해 더 이상 일어설 수 없는 상황이 되는 것을 방지하는 것입니다. 더 이상 일어설 수 없는 상황이란 무엇일까요? 저와 같은 프랍 트레이더들은 회사 규정에 손실 한도라는 것이 있습니다. 그리고 이 손실 한도에 도달하게 되면 더 이상 운용을 하지 못하게 됩니다. 가장 최악의 경우 모든 포지션을 청산해 0으로 만들고 나머지 기간 동안 운용도 못하고 계속 놀다가 그 다음 해에 재계약이 안 되거나 운용 부서가 아닌 다른 부서로 발령이 나면서 쫓겨나는 것입니다. 아마도 저와 같은 프랍 트레이더, 즉 직업 투자가가 겪는 최악의 상황이 바로 이것일 것입니다.

개인 투자가의 입장에서 보면 이전에도 계속 이야기했던 몇몇 종목 때문에 계좌 전체가 50% 이상의 손실이 나면서 투자 자체를 방치하게 되는 상황, 바로 그런 상황이 최악이라고 볼 수 있습니다. 그래서 저는 리스크 관리의 최소한의 목적은 저와 같은 프랍 트레이더의 경우에는 손실 한도에 도달하는 것, 개인 투자가의 경우에는 손실로 인해 계좌가 방치되는 이런 것들을 방어하는 것이라 말하고 싶습니다.

● 로스컷을 이용한 리스크 관리의 경우 ●

보통 이런 최악의 상황을 방어하기 위해 가장 많이 사용하는 방법 중 하나가 계량적으로 로스컷 가격을 정해서 이를 따르는 것입니다. 이런 방법을 가장 많이 쓰는 이유는 무엇보다 적용하기가 쉽기 때문입니다. 그리고 이 로스컷 룰만 잘 정하더라도 최악의 상황은 어느 정도 피할 수 있습니다. 하지만 저는 이런 계량적인 리스크 관리를 그렇게 추천하지 않습니다.

일반적으로 이런 로스컷 방법을 사용할 때 사용되는 허들, 즉 로스컷 기준은 투자 자산별로 15~20% 정도로 정하는 경우가 많습니다(개인 투자가라면 종목별 로스컷을 의미합니다). 제가 이런 계량적인 로스컷 방법을 리스크 관리 방법으로 선호하지 않는 이유는 우선 이런 로스컷을 3번만 연속으로 해도 수익률이 걷잡을 수 없이 나빠지기 때문입니다. 그래서 처음에는 이 로스컷을 잘 지키다가 한 3번째 정도가 되면 이미 전체 수익률상으로 큰 손실이 생긴 상황이기 때문에 로스컷을 시행하지 않고 그냥 놔 두는 경우를 많이 봤습니다. 어차피 손절매를 하나 안 하나 망가진 것은 똑같기 때문입니다. 즉 로스컷이란 방법이 확실한 리스크 관리 방법 같기는 하지만 사실 그렇게 실제적으로 도움이 되는 방법이 아닌 경우가 많습니다. 그래서 이런 리스크 관리 방법은 가장 보편적으로 사용되는 방법이지만 가장 좋은 리스크 관리 방법이라 할 수는 없다고 하겠습니다. 나는 주식 투자를 할 때 로스컷을 확실하게 지키면서 매매를 할 것이기 때문에 리스크 관리는 걱정 없다고 생각한다면 이는 큰 오산일 수 있습니다.

● 정성적 리스크 관리 (매수의 이유와 매도의 이유를 일치시킨다) ●

제가 리스크 관리에 있어서 가장 중요시하는 부분은 계량적인 방법이 아닌 정성적인 방법입니다. 정성적인 리스크 관리란 바로 앞서장에서 여러 번 언급한 '매수의 이유와 매도의 이유를 같게 하는 것'

주식 투자 잘하는 사람들의 7가지 무기

입니다. 어떤 주식을 매수했을 때 변동성이 낮은 대형주라면 매수의 이유가 사라지는 것을 확인할 수 있는 손실 폭은 조금만 제대로 접근한다면 10% 이하입니다. 변동성이 큰 주식이라 할지라도 주식의 가격을 단순히 가격으로만 보지 말고 추세적인, 즉 연속적인 가격의 흐름 안에서 보면 정성적 리스크 관리가 편해집니다. 모두는 아니지만 대부분 주가가 오를 것을 기대하는 것이 매수의 가장 큰 이유이고 사실 따지고 보면 그 이유 때문에 주식을 삽니다. 그렇다면 주가가 오르지 않는 상황이 되면 팔면 됩니다. 굳이 20%씩 하락해야 파는 것은 리스크 관리가 아닙니다. 반대로 15% 이상 하락했다 하더라도 사실상 이 주가의 상승 추세가 종료된 것이 아니라고 본다면 굳이 계량적인 이유만으로 주식을 팔 이유도 없습니다. 이것이 바로 제가 추천하는 매수의 이유와 매도의 이유를 같게 하여 리스크를 관리하는 첫 번째 방법입니다.

예를 들어서 설명해 보도록 하겠습니다. 미국 주식이지만 우리나라에서도 신드롬을 일으키고 있는 테슬라의 주식을 보유하고 있다고 가정해 보겠습니다. 매수의 이유는 아마도 다양할 것입니다. 전기차 자체의 가능성이 될 수도 있을 것이고 자동차가 하나의 IT 플랫폼이 된다는 가정 하에 더 높은 성장성에 초점을 맞추는 경우도 있을 것입

● 테슬라 주가 변화

동그라미로 표시된 부분만 유일하게 포지션을 축소시킬 만한 시점입니다. 물론 이것이 상쇄되는 시점에서 다시 사면 됩니다.

니다. 다만 이런 모든 것들을 뒤로하고 최근 테슬라가 전 세계에서 주목을 받는 이유는 주가가 계속 상승하고 있기 때문일 것입니다. 그래서 궁극적으로 높은 성장성을 가지고 있다고 판단되는 데다 주가도 꾸준히 상승하고 있으니 많이들 주목하는 것이겠죠.

그런데 테슬라 주식은 한 가지 치명적인 단점이 있습니다. 다름이 아니라 주가의 변동 폭이 매우 크다는 것입니다. 시가총액이 600조 원 이상으로 우리나라의 삼성전자보다도 2배가량 큰 회사인데 주가가 곧잘 10%씩 움직입니다. 한번 오르면 10%는 우습고 반대로 10% 이상 하락하는 경우도 다반사입니다. 그래서 자칫 높은 시점에서 주식을 사면 15% 정도는 우습게 손실이 나고 맙니다. 하지만 옆쪽의 테슬라 주가 차트를 보시기 바랍니다.

그래프를 살펴보면 지난 1년 동안 2020년 3월 이후 주가가 상승한 시점부터 추세적인 관점에서 볼 때 주식을 매도할 수 있었던 시점은 2020년 9월 초가 거의 유일합니다. 즉 주가의 추세적인 관점에서 주가가 오를 것이기 때문에 매수를 했다면 10%를 물렸건 15%를 물렸건 손절매의 경우는 발생하지 않았을 거라는 겁니다. 오히려 1년 동안 추세의 관점에서 보면(주식을 산 이유가 결국 추세적으로 주가가 오를 것이라는 기대였다면) 매도의 시점은 단 한 번뿐이었습니다. 이를 통해 계량적인 위험 관리보다 정성적인 위험 관리가 훨씬 더 유효하다는 것을 알 수 있습니다. 개인 투자자들의 경우 대형주보다 변동성이 큰 개별종목을 포트폴리오에 편입하는 경우가 더 많습니다. 그렇기 때문에 정성적인 위험 관리가 훨씬 더 중요하다 하겠습니다. 앞에서도 계속 강조했듯이 매수의 이유와 매도의 이유를 일치시키는 것은 리스크 관리의 측면에서도 너무나 중요한 것이라는 점을 다시 한번 강조하고 싶습니다.

● 분산의 중요성 ●

주식은 위험한 투자 자산입니다. 주식이 위험한 투자 자산으로 분류되는 이유는 하나의 개별 주식이 하루에 움직이는 폭이 상당히 크기 때문입니다. 사실 현재 거의 0에 가까운 금리 수준을 고려한다면 리스크 프리미엄을 고려하더라도 주식을 통해 정상적으로 기대할 수 있는 기대 수익은 1년에 20%를 넘기 힘듭니다(사실 20%도 굉장히 과한 수치입니다만). 그런데 개별 주식 하나만 놓고 보면 작은 종목은 하루에 30%씩 움직이기도 하고 최근에는 대형주도 3~4%씩 쉽게 움직입니다. 그렇기 때문에 주식은 분명히 위험한 투자 자산입니다. 그래서 우리는 더더욱 위험한 투자 자산을 안전하게 관리해야 하는 것입니다.

'High risk high return'이라는 말을 한 번쯤 들어 보았을 것입니다. 주식이라는 자산에 투자할 때 High risk를 만드는 방법은 쉽습니다. 하루하루의 변동 폭이 큰 주식에 집중 투자하는 것입니다. 그러면 투자한 주식의 주가 변동에 따라 내 수익률도 요동칠 것입니다. 수익이 나면 그야말로 '대박'이 날 것이고 잘못되면 돌아올 수 없는 강을 건널 수도 있습니다. 또한 이렇게 변동성이 큰 한두 개의 주식에 집중할 경우 내가 틀렸을 때 닥쳐 올 위험은 굉장히 클 것입니다. 더불어 리스크의 개수도 증가합니다. 우선은 집중 투자한 한두 개 개별 주식의 개별 위험에 그대로 노출될 것이고, 시장 전체에서 오는 리스크에도 고스란히 노출될 것입니다. 그렇기 때문에 내가 틀릴 경우의 수가 더 늘어나는 것입니다.

이제 반대의 경우를 생각해 보겠습니다. 변동성이 큰 개별 주식에서부터 상대적으로 변동성이 작은 개별 주식까지 최소 5개 이상 분산 투자를 한다고 생각해 보겠습니다. 거기에 일종의 포트폴리오군이라고 할 수 있는, 즉 이미 그 자체로 분산 투자가 되어 있는 ETF*까지 투자한다고 생각해 보겠습니다. 포트폴리오를 KODEX 200, 현대차, 이마트, 씨젠, 삼성전자, 네이버 이렇게 분산해서 투자했다고 가정해 보겠습니다. 이렇게 분산 투자를 하면 개별종목 하나의 위험은 급격하게 감소합니다. 내가 예상치 못한 일이 발생해서 한 개의 주식이 폭락한다 하더라도 그 주가의 폭락에 따라 내 손익에 영향이 나타나기는 하겠지만 내 전체 손익에 주는 영향력은 집중 투자하는 것보다 상당히 감소할 것입니다. 그래서 개

* Exchange Traded Fund. 상장지수펀드라고 불리며 코스피2000이나 코스피50지수와 같은 특정 주가지수의 수익률을 따라가는 지수연동형 펀드를 구성한 다음 이를 거래소에 상장하여 주식처럼 실시간으로 매매할 수 있도록 발행·유통·환매구조를 변형한 상품을 말한다.

별종목의 위험은 상당히 감소하게 되고 결국 주식시장 전체의 위험성만 고려하면 됩니다. 즉 우리가 틀릴 경우의 수가 훨씬 줄어드는 것입니다. 결국 우리는 '내가 현 시점에서 얼마만큼의 주식 투자를 해야 할 것인가'라는 현재 시장의 위험성에 대한 판단만 내리면 됩니다. 이것이 바로 위험을 줄이는, 즉 내가 틀리는 경우의 수를 줄이는 가장 손쉬운 방법입니다.

최근 주식시장에서는 ETF라는 투자 자산(Passive fund)이 다양하게 상장되어 있습니다. 이는 그 자체로 분산이 이미 되어 있는 상품이기 때문에 개인 투자가들에게는 참으로 투자하기 좋은 상품입니다. ETF가 활성화되지 못했던 시절의 경우 개인 투자가들의 포트폴리오는 아무래도 저와 같은 프랍 트레이더들보다 포트폴리오 자체가 위험할 수밖에 없었습니다. 기관이야 자금 규모가 크기 때문에 포트폴리오에 보통 50개 이상을 분산 투자함으로써 개별 기업의 위험을 축소시킬 수 있었던 반면 개인 투자가들은 그렇게 하기가 아무래도 쉽지 않았기 때문입니다.

그런데 최근 들어서 ETF라는 투자 자산이 아주 다양한 형태로 거래되고 있기 때문에 이제는 개인도 거의 프랍 트레이더들과 동일한 형태의 포트폴리오를 구성하면서 개별 기업 리스크를 축소시킬 수 있습니다. ETF는 고수익을 내기 위한 투자 대상이 아니라 리스크 관리를 위한 아주 좋은 자산이기 때문에 투자의 대상으로서 적극적으로 고려해 보시기 바랍니다.

한걸음 더 들어가 보는 리스크 관리

● 소비재 VS 산업재 ●

조금 어려운 이야기가 될지도 모르지만 한걸음 더 나아가 볼까 합니다. 앞에서 리스크 관리란 결국 '내가 틀리는 것을 관리하는 것'이라고 설명했습니다. 그렇기 때문에 틀리지만 않는다면 가장 좋겠지만 항상 그럴 수는 없는 노릇이고, 그렇다면 자주 틀릴 수 있다는 가정하에 틀렸을 때 큰 상처를 입지 않도록 관리해야 한다고도 했습니다. 따라서 우리는 가능하면 잘못 판단하는 경우를 최소화할 수 있도록 관리해야 합니다. 이를 위한 방법으로 분산 투자를 소개했고, 이제는 하나의 투자 자산을 구매할 때 어떤 영역이 더 위험할지, 즉 틀리는 경우의 수가 더 많을지에 대해 생각해 보겠습니다.

주식시장에 상장되어 있는 수많은 기업은 크게 소비재 기업과 중간재 혹은 산업재 기업으로 구분할 수 있습니다(서비스 업종 제외). 일반적으로 개인 투자가들의 경우 소비재 기업에 보다 쉽게 접근합니다. 왜냐하면 어떤 제품인지 잘 알고 직접 써 보기도 했으며 따라서 제품에 대한 평가도 나름대로 내릴 수 있기 때문입니다. 반대로 산업재나 중간재 기업의 경우 대부분은 어떤 기업인지 잘 모르는 경우가 많습니다. 어떤 화학 기업이 EG에서 좋은 실적이 기대된다고 담당 애널리스트가 말하면 화학 산업의 구조에 대해 잘 알지 못하는 경우 상당히 낯설고 어렵게 들릴 수밖에 없습니다. 이렇듯 소비재 기업에 대한 접근이 좀 더 쉽기 때문에 개인 투자가들은 소비재 기업에 대해 보다 쉽게 반응하는 특징이 있습니다.

그런데 리스크의 관점에서 본다면 저는 소비재 기업이 훨씬 더 위험하다고 생각합니다. 산업재, 중간재 기업에 대한 투자의 경우 사실 어떤 제품이 히트할지 몰라도 상관없습니다. 그보다는 해당 기업의 제품을 이용한 최종 제품이 그 무엇이든 간에 잘 팔리기만 하면 됩니다. 즉 경기만 좋으면 된다는 말입니다. 때문에 경제지표로 확인하기도 상대적으로 편합니다. 이와는 반대로 소비재 기업은 경기가 좋다고 해서 특정 소비재 기업의 실적과 주가가 좋을 것이라고 단정할 수 없습니다. 아무리 경기가 좋다고 하더라도 결국 최종 제품이 시장에서 성공을 거둬야만 실적이 좋아지고 주가가 상승하기 때문입니다. 즉 산업재, 중간재와 비교할 때 소비재 기업의 경우 내가 틀릴 수 있는 리스크가 최소한 한 가지는 더 생겨나는 셈입니다. 해당 기업 제품이 잘 팔려야 한다는 리스크 말입니다.

예를 들어 설명해 보겠습니다. 고용시장이 좋아지면서 개인들의 가처분 소득이 증가하고 있습니다. 거기에 금리는 여전히 낮은 수준에 머물러 있으며 당분간 금리를 인상시킬 이유는 없다고 각국의 중앙은행 정부가 발표하고 있는 상황이라고 가정해 보겠습니다. 이런 경제 상황은 내구재의 소비 증가를 충분히 기대할 수 있는 상황입니다. 좀 더 쉽게 설명하자면 내 소득은 증가하고 있는데 금리도 낮아서 자동차를 바꾸거나 TV, 냉장고 등 고가 가전을 바꾸는 데 이전보다 훨씬 부담이 덜한 상황이 되는 것입니다. 금리가 낮기 때문에 할부를 선택하는 것도 마음 편해집니다.

이런 경제 상황일 때 주식시장에서는 몇 가지의 선택지가 있습니다. 자동차 회사 혹은 대표적인 가전 기업의 주식을 사거나 아니면 철강, 화학 업종 대표기업의 주식을 사는 것입니다.

첫 번째 선택지는 바로 소비재를 사는 것입니다. 그런데 우리가 매수한 자동차 기업이 생각지도 못한 대규모 리콜 사태를 맞이한다면, 혹은 내가 가지고 있는 가전 기업의 제품이 경쟁 회사에 밀려 성공하지 못한다면 투자의 결과는 어떻게 될까요? 크게 손실을 보지 않을 수도 있지만 상당한 기회비용을 낭비하게 될 것입니다.

두 번째 선택지는 대표 철강 기업이나 화학 기업 등 중간재 기업의 주식을 사는 것입니다. 몇몇 자동차 회사에서 리콜이 발생해도, 어떤 가전 기업이 경쟁에서 뒤처져도 우리에겐 문제가 될 것이 없습니다. 다른 기업들이 반사 수익을 거둘 것이고 철강이나 화학 기업은 그 기업에 계속 소재를 공급할 테니 말입니다. 물론 주가 수익은 자동차 회사나 가전 기업이 더 압도적일 수 있습니다. 하지만 앞서 말한 대로 소비재를 사는 경우 우리가 틀릴 확률이 최소한 한 가지 더 증가하는 것 역시 사실입니다. 그래서 리스크 측면에서 보면 보다 접근이 쉬운 소비재 기업이 산업재 기업보다 훨씬 더 위험한 구조라고 말하는 것입니다.

조금은 어려운 이야기이기 때문에 되도록이면 짧고 간략하게 설명하려 했지만, 결론은 우리가 손쉽게 접근 가능한 소비재 기업이 처음에는 조금 어렵게 들리는 중간재나 산업재 기업에 비해 위험이 크다는 점을 말하고 싶었습니다. 그 이유는 내가 틀릴 수 있는 요인이 하나 더 존재하기 때문입니다. 이렇게 투자 종목을 선정함에 있어서도 리스크 관리의 측면에서 구분해 볼 수 있다는 점을 인지하시기 바랍니다.

💡 **잠깐 투자상식**

중간재, 산업재 기업에 잘 투자하기 위해서는 어떤 공부가 필요할까요? 조금 어렵게 느껴질 수 있지만 의외로 간단합니다. 각 산업의 구조를 잘 이해하고 있으면 됩니다. 어떤 과정을 통해서 반도체가 만들어지는지, 이 반도체가 어디에 어떤 형태로 사용이 되는지, 우리가 많이 사용하는 플라스틱은 어떻게 만들어지는지 그리고 어떤 다양한 화학제품들이 사용되는지 이런 산업의 구조를 공부하면 됩니다. 이런 각 산업의 구조를 자세히 설명해 주는 자료들은 아주 많기 때문에 손쉽게 구하실 수 있습니다. 주식 투자를 제대로 하고 싶다면 한 번쯤 시간을 내서 이런 산업구조를 공부해 보시길 추천합니다. 투자의 레벨이 상승하는 것을 느낄 수 있을 것입니다.

● 전망하지 말고 대응하라 ●

리스크 관리에 대해 다음으로 하고 싶은 이야기는 바로 '전망하지 말고 대응하라'는 말이며, 이것은 제가 굉장히 중요시하는 말입니다. 리스크란 결국 내가 틀리는 것이라고 말했는데요. 그렇다면 말장난 같지만 내가 예상을 하지 않을수록 틀릴 가능성이 줄어들 것이고 리스크에 노출될 위험도 줄어들 것입니다. 물론 이 생각은 투자의 철학과도 연관 지어진 부분이라 간단한 문제는 아닙니다. 주가가 시장의 정보를 충분히 효율적으로 반영하고 있지 않다고 생각한다면 사실 예측하고 전망하는 방법밖에는 투자에 대해 고민할 방법이 없습니다. 하지만 반대로 시장이 나보다 훨씬 더 많은 정보를 담고 있다고 생각한다면 굳이 전망하고 예측할 필요가 없습니다. 시장이 움직이는 대로 추세에 따라 대응하면 되기 때문입니다. 물론 투자의 기대 수익은 낮아지겠지만 반대로 내가 전망하지 않기 때문에 리스크 관리도 훨씬 수월하게 할 수 있습니다. 내가 틀릴 위험에 훨씬 덜 노출되는 것입니다.

저와 같은 프랍 트레이더들이야 하루 종일 사무실에 앉아서 하는 일이 시장과 주식을 분석하고 전문가들과 의견을 교환하는 것이기 때문에 좀 더 다양한 전망과 예측을 하기가 쉽습니다. 하지만 개인 투자가들의 경우 저와 같은 직업 투자가처럼 분석할 시간이 많지 않고 그럴 수 있는 여건조차 수월하지 않습니다. 투자에 관한 정보를 습득하는 것도 결국 주변 지인들에게 듣거나 이미 발간된 기업 보고서를 보거나 뉴스나 방송 혹은 인터넷 매체를 통해서 습득하게 되는 것이 대부분일 수밖에 없는데, 이를 통해 정확한 전망과 예측을 하기는 어렵습니다. 오히려 잘못된 전망과 예측을 할 확률이 훨씬 높습니다. 현실이 이런데 굳이 개인 투자가의 입장에서 전망하고 예측을 하면서 자기의 전망 혹은 자기의 예측이라는 또 다른 리스크에 굳이 노출될 필요가 있을까요?

주변에서 그리고 방송이나 인터넷 등을 통해서 투자 정보를 얻었다면 그것을 자신의 것인양 받아들여서 전망하고 예측해 미리 포지션을 잡을 필요가 있을까요? 그보다는 정보를 얻은 종목에 대해 관심은 두고 있되 앞서 설명한 추세를 형성하는 변곡점이 발생하는 것을 기다렸다가 추세 형성 여부에 따라 매수와 매도에 대응하는 편이 훨씬 덜 위험하지 않을까요?

"전망하지 말고 대응하라"는 말은 후배 프로 투자가들에게도 항상 하는 말이기도 합니다. 제대로 분석하거나 공부하지도 않았으면서 충분히 분석했다고 스스로를 속이고 자신의 전망에 얽매이다가 결국 프로 투자가로서의 커리어를 잃어버리는 경우를 너무나 많이 봐 왔기 때문입니다. 또 하나 후배들에게 자주 하는 말 중에 "우리는 애널리스트가 아니다. 굳이 전망하고 예측해서 자기 자신의 운신의 폭을 스스로 좁히지 마라"는 것도 있습니다.

애널리스트처럼 투자 분석 자료를 작성하는 것이 직업인 사람들은 '열린 결말'로 자료를 쓸 수 없습니다. 그런데 투자를 하는 사람은 항상 열린 결말이어야 합니다. 투자 분석 자료를 작성하는 사람이야 자신의 전망이 틀리더라도 당장의 금전적인 손해는 없습니다. 하지만 투자를 하는 사람은 바로 그것이 자신의 금전적 손실로 이어집니다. 따라서 항상 100% 맞을 수 없다면 실제 투자하는 투자가는 예측하고 전망하는 것이 아니라 대응할 때가 훨씬 '덜' 위험합니다. 이것은 상대적으로 정보력과 분석력이 부족한 일반 투자가들도 항상 머릿속에 담아 두어야 할 부분이라고 생각합니다. 비효율적인 시장이라는 관점을 가지신 분이라면 모르겠지만 그렇지 않다면 굳이 전망을 해서 내 위험을 더 키울 이유가 없습니다. 투자는 전망하지 않고 대응할 때 훨씬 위험이 감소하게 되어 있습니다.

● 못 먹는 리스크는 손실 위험과 같다 ●

여기까지 오는 동안 지극히 보수적인 방법과 시각에 의거해 투자하는 방법만 설명한 것 같습니다. 이쯤 되면 "이럴 거면 무엇 하러 주식 투자를 하나요?"라는 말이 나올 법도 합니다. 그래서 이제부터는 조금 공격적인 관점에서 이야기해 보려 합니다. 아이러니하게도 리스크 관리의 측면에서 설명해 보겠습니다.

저는 시쳇말로 '못 먹는 리스크는 손실 나는 리스크와 다를 바 없다'라고 생각하고 있습니다. 지금까지 설명한 것과 다소 다른 느낌으로 들릴 수도 있지만 좀 더 설명을 들어 보시기 바랍니다. 프랍 트레이더로 오랜 기간 동안 일을 해 오면서 다양한 후배 트레이더들을 봐 왔는데요. 성과가 좋은 직원과 성과가 좋지 못한 직원의 가장 큰 차이는 바로 손실 관리에 있었습니다. 그런데 이 손실 관리에서의 차이란 바로 수익을 낼 수 있는 상황에서 수익을 많이 냈는가 내지 못 했는가의 차이입니다. 결국 수익을 낼 수 있는 구간에서 수익을 많이 낸 직원이 위험 상황에 도달했을 때 훨씬 손실 관리에 뛰어났다는 것을 알 수 있었습니다.

거듭 말하지만 리스크는 자신의 판단이 틀렸기 때문에 생기는 것입니다. 틀리는 것은 틀려서 손실이 나는 것만이 아니라 이익이 날 수 있는 기회를 놓치는 것도 포함됩니다. 그렇기 때문에 이른바 기회 비용을 놓치는 것 역시 주식 투자에 있어 큰 위험이라고 할 수 있습니다. 예를 들어 보겠습니다.

A라는 주식이 있고 B라는 주식이 있습니다. 둘 다 같은 산업에 속하고 비즈니스 모델도 비슷합니다. 그런데 A라는 주식은 지난 1달 동안 30% 정도 상승했고 B라는 주식은 약 5% 정도 상승한 상황입니다. 여러분이라면 어떤 주식을 사시겠습니까?(흔히 말하는 밸류에이션으로 보면 A가 더 비쌉니다). 밸류에이션도 싸고 주가 상승률도 훨씬 덜 올랐으니 B라는 주식에 접근한다는 의견이 조금은 더 많을 것 같습니다. 물론 B라는 주식을 사는 게 맞을 수도 있습니다. 그런데 A라는 주식과 B라는 주식 중에서 B라는 주식을 고른 이유가 두 주식 간의 본질적인 차이에 따른 판단 때문이 아니라 단순히 B가 덜 올랐기 때문에 고른 것이라면 저는 반대하고 싶습니다. 특히 A라는 주식과 B라는 주식이 모두 다 충분한 거래량이 형성된 대형주라면 더더욱 그렇습니다. B라는 주식을 선택한 이유가 많이 못 올랐기 때문에 나중에 더 많이 오를 것이다라는 생각, 혹은 반대로 주가가 하락하더라도 아직 안 올랐기 때문에 B가 상대적으로 안정적일 것이다라는 이유라

면 이는 잘못된 판단일 가능성이 높습니다.

A라는 주식과 B라는 주식의 가치와 기대 수익에 대해 정밀하게 판단할 수 없는 상태라면, 이미 시장에서 A라는 주식을 더 높게 평가하고 있는데 굳이 B라는 주식을 고를 이유가 없습니다. A라는 주식보다 B라는 주식이 더 많이 오를 것이라고 가정할 이유가 사실상 없기 때문입니다. 반대로 하락할 때 안 올랐기 때문에 덜 하락할 것이라고 생각할 만한 근거 역시 없습니다. 그렇다면 모든 주식은 늘 같은 수익률을 보장한다는 생각인데 그런 경우는 거의 없기 때문입니다. 그래서 이럴 때 못 먹는 리스크가 발생하는 것입니다. 이런 못 먹는 리스크에 놓이면 나중에 주식시장이 정말 안 좋아지는 상황이 될 때 과감하고 적절하게 주식 비중을 줄여 리스크 관리를 하는 것이 생각만큼 쉽지 않습니다. 수익이 난 사람은 팔기 쉬워도 손실이 난 사람은 팔기 어려운 게 주식이기 때문입니다. 그러므로 못 먹는 리스크는 가볍게 볼 수 있는 리스크가 아닙니다.

이런 주식 선택 방법은 저처럼 주식 하나에 깊은 성찰을 하지 않고 전체의 관점에서 주식을 접근하는 프랍 트레이더들에게도 자주 적용되는 종목 접근법입니다. 제가 주식 투자를 배우면서 귀에 못이 박히도록 들은 말 중 하나가 바로 "센 것을 사라"였습니다. 저는 지금도 주식을 선택할 때 투자 대상을 정확히 구별할 수 없다면 가장 강한 것을 사려고 노력하면서 시장에서 가장 강한 주식과 가장 약한 주식을 중심으로 시장을 분석합니다. 그것이 바로 시장을 가장 잘 설명해 주는 모습이기 때문입니다.

많이 올랐기 때문에 이제 더 오르지 않고 앞으로 하락할 가능성이 높다고 생각하는 것은 옳지 않습니다. 많이 올랐다는 것은 오히려 앞으로 더 많이 오를 수 있다는 의미이며 하락하지 않을 가능성이 더 높다고 볼 수 있습니다. 왜냐하면 가장 강하게 오른 주식은 소위 말하는 주가 상승 모멘텀과 펀더멘털이 가장 좋은 주식이기 때문입니다.

'못 먹는 리스크는 손실의 리스크와 같다'라고 생각하는 것, 언뜻 들으면 지나치게 공격적인 말일 수 있지만 오히려 리스크 관리의 입장에서는 가장 중요한 부분임을 상기해 주시기 바랍니다.

🔧 KEY POINT

리스크라는 어려운 주제로 설명을 했습니다. 리스크란 단순히 몇 쪽으로 정리할 수 있는 간단한 문제는 아닙니다. 하지만 리스크 관리를 정확하게 수학적으로 해결할 수 없다고 투자를 할 수 없는 것 역시 아닙니다. 다만 우리가 접근할 수 있는 범위 내에서 리스크를 정의하고 관리하면 됩니다.

리스크는 우리의 판단이나 결정이 틀리는 것을 말합니다. 그리고 투자의 세상에서는 항상 맞출 확률보다 틀릴 확률이 더 높습니다. 우선 그것을 인정해야 합니다. 그리고 우리가 늘 틀린 판단을 한다는 가정 하에 틀린 의사결정이 우리에게 심각한 피해를 주지 않도록 관리하는 것이 진짜 필요한 리스크 관리일 것입니다. 이를 위해서 우리는 매수의 이유와 매도의 이유를 일치시켜야 하고 분산을 통해 틀릴 수 있는 결정들의 영향력을 줄여야 합니다. 정확한 정보도 가지고 있지 않으면서 나름대로 전망해서 위험에 더 노출될 이유도 없습니다.

'전망'보다는 '대응'하는 것이 훨씬 덜 위험합니다. 하지만 무조건 보수적으로만 보자는 이야기는 아닙니다. 강한 주식, 많이 오른 주식을 단순히 리스크 관리란 이름 아래 보수적으로만 바라볼 필요는 없습니다. 그러면 또 하나의 리스크에 놓일 수 있습니다.

말로는 쉽지만 정작 투자의 세계에서 이를 실행하기란 어려울 수도 있습니다. 하지만 앞에서 정리한 내용을 한두 번 실행한다면, 그래서 자연스러운 투자 습관으로 자리 잡는다면 결코 실행하기 어려운 일도 아닙니다. 오히려 편한 마음으로 투자에 임할 수 있는 진짜 고수가 될 수 있습니다.

'주식 투자를 시작하기 전에 리스크 관리부터 시작하라'는 말을 반드시 염두에 두시기 바랍니다.

5장

프랍 트레이더의
실전 투자법

앞서 4장까지 제가 전문 투자가로 일해 오면서 가장 중요한 투자 원칙이라고 생각하는 내용들에 대해 설명했는데요. 독자 입장에서는 자연스럽게 다음과 같은 질문이 떠오를 것 같습니다. "그렇군요. 미처 몰랐던 중요한 사항들인 것 같습니다. 그런데 이제 구체적으로 무엇을 어떻게 해야 하나요?"라고 말입니다.

지금부터는 조금 더 실질적인 문제로 넘어가 보고자 합니다. 물론 앞으로 주식시장이 어떻게 흘러갈지 구체적인 전망이나 업종과 종목을 콕콕 찍어서 소개한다면 더할 나위 없이 좋겠지만 이런 식의 전망이나 예측은 확률도 지극히 낮거니와 결코 해서도 안 됩니다.

이번 장에서는 지금까지 소개한 내용 외에 실전 투자에 임하기 전에 꼭 이해했으면 하는 부분을 설명하겠습니다. 그다음으로 제가 과거에 경험했던 위기 극복 사례를 몇 가지 소개하고, 2021년 이후 시장의 주도주는 무엇이 될지, 시장을 어떻게 읽어야 할지 등의 이야기를 담아 보겠습니다.

● 주식 투자 계좌를 구분한다 ●

앞에서도 이야기했듯이 주식이 거래되는 이유는 각자의 투자 환경이 다르기 때문입니다. 어쩌면 한 사람의 투자가에게도 투자 환경이 나눠질 수 있습니다. 일부는 중장기로 시류에 얽매이지 않는 투자를 하면서도 한편으로는 당장의 시류에 맞는 투자를 진행할 수 있습니다. 또 한편으로는 정말 재미 삼아 마치 게임과 같은 트레이딩을 할 수도 있습니다. 한 개인에게도 이렇게 여러 가지의 투자 욕구나 투자

니즈가 존재한다면 우리는 계좌를 철저히 나눠서 관리할 필요가 있습니다. 하나의 계좌는 자녀의 이름으로 중장기 투자를, 하나의 계좌는 시류에 맞는 적절한 투자를, 또 하나의 다른 증권사 계좌에는 소액으로 재미 삼아 하는 트레이딩을 하는 식으로 말입니다.

1) 중장기 투자(최소 5년 이상): 자녀 이름의 계좌

독신, 미혼 혹은 자녀가 없는 사람이어도 상관없습니다. 다만 제가 굳이 자녀의 이름으로 중장기 투자를 말하는 이유는 정말 자녀의 이름으로 해야 중장기적인 포지션을 세우기가 쉽기 때문입니다. 이 계좌를 관리하는 방법에는 여러 가지가 있습니다. 배당이 많이 나오는 주식들을 중심으로 포트폴리오를 구성하고 매년 배당금을 재투자하는 방법이 있고, 아니면 지수 ETF 등에 적립식으로 매달 얼마씩 균일하게 투자하는 방법도 있습니다. 이런 방법들은 대부분의 투자 서적에서 가장 오랫동안 좋은 투자 방법으로 검증된 방법이니 관련 서적을 한두 권 읽어 보고 그대로 따르길 추천합니다. 중요한 것은 어떤 투자 방식을 취하는지가 아닙니다. 가장 중요한 것은 정한 투자 방법에 따라 현재 시류에 얽매이지 않고 계획대로 중장기적으로 계속해서 진행하는 것입니다. 가장 좋지 않은 것은 주가가 많이 올랐다고 혹은 어떤 대단한 사건으로 주가가 급락했다고 정해진 방법을 중간에 바꾸는 것입니다.

중장기 투자란 현재의 상황이나 현재의 시류에 얽매이지 않는 것입니다. 주가가 많이 오르거나 혹은 많이 떨어진 것이 투자에 있어 중요한 고려 대상이 되어서는 안 됩니다. 그것을 고려하지 않으려고 중장기 투자를 하는 것이기 때문입니다. 그리고 시중에 알려져 있는 중장기 투자 방법은 이미 지난 오랜 세월 동안 모든 시장 상황을 겪으면서 좋은 투자 방법으로 검증된 방법이기 때문에 현재의 증시 상황에 군이 흔들릴 필요가 없습니다. 그렇기 때문에 자녀 이름의 계좌를 권하는 것입니다.

2) 자기 이름의 주력 계좌

개인 투자가로서 자기 이름의 계좌는 앞서 말한 저자의 프랍 트레이더 투자를 참고하면 좋습니다. 이 계좌를 관리할 때 가장 중요한 점은 자산 관리입니다. 1년 365일 내내 주식 투자를 할 필요는 없습니다. 주식시장이 좋을 때만 적극적으로 투자하면 됩니다. 포트폴리오는 당시 주식시장의 주도주로 꾸리면 좋습니다. 종목을 살 때는 어떤 목표가를 두고 사지 말고 그보다는 현재 주가가 보여 주는 추세만 생각하면 됩니다. 굳이 시장보다 한 박자 빨리, 보다 현명하고 선제적인 판단을 내리려고 노력하지 마시기 바랍니다. 물 흐르듯 시장이 가는 대로 그대로 따라가도 주식시장은 좋은 수익을 줄 것이라고 믿는 것이 좋습니다. 사는 이유와 파는 이유를 일치시킬 수 있다면 리스크 관리 역시 나쁘지 않을 것이라는 사실도 잊지 마시기 바랍니다. 제가 이 책을 집필한 가장 큰 이유는 본인 이름의 주력 계좌 관리를 권하기 위함이었습니다.

3) 재미 삼아 하는 트레이딩 계좌

트레이더가 직업이어서인지는 모르겠지만 트레이딩을 많이 하는 것이 그다지 즐겁거나 재미있지는 않습니다. 하지만 주변 사람들의 이야기를 들어 보면 잦은 트레이딩을 통한 즐거움이 은근히 높은 것 같습니다. 사람이 살아가는 데 있어 재미란 포기할 수 없는 필수 영역입니다. 때문에 트레이딩이 참으로 재미있는 사람이라면 당연히 해야 할 일일 것입니다. 다만 고수익을 위해 트레이딩(매매)을 자주 해야 할 이유는 없습니다. 본인 스스로 트레이딩에 대해 확신이 없다면 투자 규모를 크게 해서는 안 됩니다.

프랍 트레이더 중에서도 이렇게 잦은 트레이딩을 주력 방법으로 삼는 트레이더들도 적지 않습니다. 주로 파생상품을 거래하는 이들인데요. 투자 성과를 높이기 위해 대부분 기계적인 모델을 사용하고 어떤 친구들은 트레이딩의 정교함을 위해 서버에서 직접 주문을 내기도 합니다. 다만 이런 트레이더들을 관리하는 회사에서는 보다 강력한 리스크 관리를 하고 있습니다. 트레이딩의 규모는 크게 부여할 수 있지만 절대 Overnight(포지션을 당일 청산하지 않고 다음 날로 넘기는 것)을 허용하지 않습니다. 손실 제한도 굉장히 강력하고 명확합니다. 즉 포지션 투자보다 잦은 트레이딩에 더욱 높은 리스크 관리를 하고 있는 것이 프로들의 세계라는 점을 염두에 두시기 바랍니다.

지금까지 계좌 관리에 대해서 이야기했습니다. 중요한 것은 어떤 방식을 취하는가가 아닙니다. 가장 중요한 것은 계좌의 목적에 맞도록 일관성 있는 투자를 하는 것입니다. 예전에 어떤 친구가 아들 이름으로 중장기 투자를 하고 싶은데 어떻게 하면 좋을지 물어 온 적이 있었습니다. 저는 지수 ETF에 매달 일정 금액을 눈이 오나 비가 오나 정해진 날에 반드시 매입하는 적립식 투자법을 소개해 주었습니다. 그해 마침 시장이 한두 달 만에 급격하게 좋아졌는데 친구에게서 전화가 오더군요. 자기 아들 이름으로 하는 투자를 추천해 달라고 말입니다. 제가 일전에 말했던 적립식 투자를 아직 하지 않았는지 물었더니 그 친구는 수익이 좀 나와서 팔았다며 다른 종목을 꼽아 달라는 것이었습니다. 이런 식으로 쉽게 사고파는 주식 투자는 결코 성공할 수 없습니다. 정해진 계획대로 일관성 있게 하는 것이 가장 중요합니다.

● 정보를 활용하는 법 ●

오늘날 주식시장에는 정말 많은 정보가 홍수처럼 쏟아지고 있습니다. 제가 증권 회사에 처음 입사했던 때가 1998년인데, 당시만 해도 제대로 된 기업 보고서를 찾기가 쉽지 않았습니다. 그래서 투자에 가장 많이 참고했던 것이 매년 발행되는 《상장기업 분석》이란 책이었습니다. 이 책자는 최근에도 발행되고 있는데요. 예전만큼의 인기는 없는 듯합니다.

각 증권사마다 거의 매일 수십 개의 각종 보고서를 쏟아내고 있고 투자 관련 뉴스 채널도 엄청나게 많아져서 이들이 쏟아내는 기사 역시 방대합니다. 거기에 주식 투자 관련 인터넷 사이트에 유튜브까

주식 투자 잘하는 사람들의 7가지 무기

지 정말 어마어마한 정보가 쏟아지고 있습니다. 예전에는 투자를 위한 정보 자체를 구하기가 어려웠는데 이제는 적절한 정보를 골라내는 것이 더 중요한 시대가 된 것 같습니다. 이제 투자 정보에 관해서는 더하기가 아니라 빼기를 잘해야 하는 시대입니다.

정보가 많다 보니 잘못된 정보 혹은 나쁜 의도로 작성된 정보도 적지 않습니다. 하지만 현재 시장에 나와 있는 정보들은 대체적으로 쓸 만한 것들이 많습니다. 따라서 중요한 것은 정답을 말해 주는 정보를 찾는 것이 아니라 나에게 꼭 필요한 정보를 찾는 일입니다.

1) 답을 제시하는 정보는 좋은 정보가 아니다

많은 투자가들은 수많은 정보들 중에서 뚜렷하고 구체적인 답이 있는 정보를 좋아합니다. 이는 개인 투자가들뿐 아니라 저와 같은 직업 투자가들도 마찬가지입니다. 하지만 투자에는 정답이 없습니다. 더구나 수많은 투자 정보 중에서 내 투자 환경에 딱 맞게 작성된 정보를 찾는 것은 불가능에 가깝습니다. 때문에 구체적이고 뚜렷한 정답을 제시한 정보가 실제로는 그렇게 도움이 되지 않는 것입니다. 구체적이고 뚜렷한 정보는 없다고 하더라도 혹은 결과적으로 반대되는 결론을 내렸더라도 하나의 시장이나 산업, 기업을 자세하고 꼼꼼히 설명하고 있다면 그리고 그 안에 분명한 논리를 가지고 있다면 좋은 정보가 될 수 있습니다. 그 논리를 활용하면서 나를 위한, 나에게 맞는 정답을 찾아갈 수 있기 때문입니다.

저는 하루에 적게는 10개 내외의 보고서를 읽는 편인데, 이중 5페이지 이하의 보고서는 아예 읽지 않습니다. 설사 본다고 하더라도 맨 뒤에 있는 숫자만 봅니다. 보고서의 숫자가 어떻게 변하고 있는지 그것만 확인합니다. 나에게 의미 있는 보고서란 최소한 30페이지는 넘는 보고서입니다. 저도 과거에 잠시나마 리서치 업무를 해 본 적이 있었는데요. 30페이지 이상의 보고서를 쓰려면 최소한 자기만의 논리 구조와 그 이상의 인사이트가 담겨 있어야 합니다. 그리고 그런 논리와 그 이상의 지식 안에서 나에게 맞는 정보와 지식을 찾아낼 수 있습니다.

물론 개인 투자가의 입장에서 저처럼 오랜 시간을 투자하면서 투자에 관한 공부를 할 수는 없습니다. 그렇다 하더라도 "이 주식은 얼마에 사고, 이 주식은 얼마에 팔라"처럼 답을 제시하는 정보에만 집중하지는 않았으면 좋겠습니다. 답이 명확한 정보의 경우 정보를 취득하는 사람은 그 정답이라고 하는 것에 집중하는 수밖에 없습니다. 그런데 말씀드린 대로 투자에서의 정답은 나의 투자 환경 안에 있는

주식 투자 잘하는 사람들의 7가지 무기

것이지 다른 사람이 제시해 주는 것이 아닙니다. 그러므로 다른 사람이 이야기하는 정보는 나에게 맞지 않은 정답일 가능성이 훨씬 더 높습니다. 최근에는 꽤 깊이 있는 주제를 이야기하는 동영상 채널도 많이 생겼습니다. 그러니 다소 불편하더라도 조금은 깊이 있는 긴 주제를 다룬 혹은 정답을 이야기하지 않는 정보들을 탐독하시기 바랍니다. 그 후 그 내용을 기반으로 관련 종목을 관심 있게 보다가 정말 주가가 오르기 시작하면 그때 추세적으로 접근하는 것이 훨씬 더 좋을 것입니다.

2) 만 명의 전문가보다 한 명의 신뢰할 수 있는 정보제공자를 찾아라

"난 한 놈만 팬다!"

영화 〈주유소 습격 사건〉에서 배우 유오성이 했던 대사입니다. 주식 투자와 별 상관없는 이야기 같지만 증시에서 투자 정보를 취할 때 제법 유용한 접근법이라고 생각하는 방법입니다. 여기서 '한 놈만 팬다'는 의미는 애널리스트라면 애널리스트, 유튜브 콘텐츠 제공자라면 콘텐츠 제공자 등 수많은 정보제공자로부터 정보를 취할 때 마음에 드는 사람을 발견했다면 그 사람의 자료와 그 사람의 논리를 계속해서 따라가는 방법을 말합니다. 여기서 어떤 이야기를 듣고 다른 곳에서 또 다른 이야기를 듣는 식으로 다양한 루트를 통해 정보를 취합하다 보면 오히려 나쁜 정보만 수집되는 경우가 많습니다. 사공이 많으면 배가 산으로 가는 이치와 같습니다. 그보다는 '한 놈만 팬다'는 심정으로 한두 사람의 논리만 처음부터 끝까지 따라가는 것이 훨씬 더 효과적이고 투자가 빨리 느는 방법입니다. 왜냐하면 이렇게 한 사람의 논리만 쭉 따라가면 투자에서 가장 어렵다고 하는 그리고 가장 중요하다고 하는 '팔아야 하는 순간'을 파악할 수 있기 때문입니다.

주식시장의 정보제공자 중 거의 절대 다수는 Sell side에 있는 사람들입니다. 이 말은 어떤 주식이나 투자 대상을 추천하는 것이 주업인 사람들에게서 나오는 정보가 절대 다수란 뜻입니다. 주식시장의 정보 중 '사자'는 정보는 셀 수 없이 많지만 '팔자'는 정보는 많지 않은 이유가 여기에 있습니다. 사는 것보다 파는 것이 훨씬 더 어려운데도 말입니다. 우리는 정보를 구할 때 결국 주식을 파는 것에 대한 정보를 우선적으로 구해야 합니다. 이때 가장 좋은 방법은 살 때부터 팔 때까지 한 명의 정보제공자가 갖고 있는 논리를 따라가는 것입니다. 정보제공자가 '팔자'를 이야기하지 않아도 이렇게 하면 팔 때를 알 수 있습니다.

그렇다면 과연 어떤 정보제공자의 논리를 따라갈 것인가의 문제가 남습니다. 당연히 제일 좋은 방법은 적중률이 가장 높은 정보제공자를 따라가는 것입니다. 그런데 사실 어떤 상황이나 국면에서 가장 적중률이 높은 정보제공자를 찾는 것은 정말 어려운 일입니다. 그리고 앞서 계좌 관리법에서 말했듯이 주식 투자를 할 때는 확률을 높이는 방법으로 투자해서는 안 됩니다. 때문에 첫 번째, 우리는 적중률이 높은 정보제공자를 찾기보다는 솔직 담백하면서도 자기 스스로 오류나 잘못된 판단을 인정할 줄 아는 사람을 찾아야 합니다. 하지만 아쉽게도 그런 정보제공자는 그렇게 많지 않습니다. 적중률이 높은 것처럼 보여야 자신의 몸값이 올라간다고 믿는 정보제공자들이 많기 때문입니다. 때문에 솔직한 정보제공자를 찾을 수만 있다면 비록 적중률이 떨어지더라도 그 정보제공자의 논리를 계속 따라갈 때 좋은 성과를 거둘 수 있을 것입니다.

두 번째, 경제 TV나 증권 방송 같은 미디어를 통한 정보보다는 작성자의 이름이 정확히 명시된 텍스트 자료나 동영상 채널 운영자가 더 좋은 정보제공자가 될 수 있습니다. 저 역시 한동안 방송에 출연했던 사람입니다만 사실 정보의 연속성을 저조차도 가지기 힘들었습니다. 따라서 한 번의 방송을 통해 우리가 취득한 정보는 유용하지 않을 가능성이 훨씬 더 높습니다. 쓸모없는 정보일 가능성이 높다는 말입니다.

세 번째, 자신의 정보에 대해 끝까지 업데이트해 주는 정보제공자를 찾아야 합니다. 매일매일 새로운 이야기를 하는 사람보다 매일매일 어제의 연속선상에서 정보를 제공하는 사람이 결국에는 훨씬 더 도움이 됩니다.

이렇게 한 놈만 팬다는 식으로 몇몇 정보제공자에게 전체 시황이면 전체 시황, 투자 종목이면 투자 종목에 대한 정보를 일관성 있게 습득하게 되면 비록 정보제공자가 항상 높은 적중률을 보이지는 못하더라도 좋은 투자 결과를 얻을 수 있을 것입니다. 너무 뻔하고 관념적인 이야기를 한다고 실망하실지도 모르겠습니다. 하지만 투자에서 중요한 정보는 내가 잘 팔 수 있도록 도와주는 정보입니다. 그것이 손절매이건 이익 실현이건 상관없이 말입니다. 그리고 우리가 잘 팔 수 있는 정보를 획득하는 가장 좋은 방법은 위에서 말씀드린 태도에서 시작된다고 생각합니다.

◉ 시세는 조금만, 거래는 되도록 적게 ◉

High frequency trading*이 아니라면 이 말은 정말 진리입니다. 저와 같은 직업 투자가들조차 거래를 많이 하면 할수록 손해가 나는 경우가 많고, 이익의 증가로 이어지는 경우는 별로 없습니다. 저도 20년 넘게 주식 투자를 해 왔습니다만 아직도 완전하지 못합니다.

저에게는 거래에서의 목표가 있는데요. 일단 다음의 그래프를 한 번 보겠습니다. 어떤 기업의 주가 그래프입니다.

저는 주식을 거래할 때 사는 것은 나눠서 사더라도 파는 것은 딱 한 번만 하자는 목표를 세웁니다. 거의 대부분의 상승한 주식들의 경우 한 번만 잘 팔면 그만입니다. 그런데 중간에 수많은 이유들로 인해 많은 거래를 하게 되고 그래서 결국에는 제대로 된 수익을 거두지 못하는 경우가 많습니다. 아마 저를 포함한 투자가 대부분의 현실일 것입니다.

> * 초단타 매매, 고빈도 매매라고도 불리는 투자 기법. 컴퓨터를 통해 빠른 속도로 내는 주문을 수천 번 반복하는 거래로 알고리즘 매매 방식 중 하나이다. 일시적으로 발생하는 가격 차이에서 발생하는 차익을 목표로 하며 시장의 등락과 관계없이 수익을 얻을 수 있다는 장점이 있지만 시장 왜곡과 불공정 거래의 소지가 적지 않다.

지나고 나서 생각하면 정말 한 번만 거래해도 될 것을 여러 번에 걸쳐 사고팔아서 수익을 갉아 먹는 가장 큰 이유는 초심을 잃고 욕심을 부렸기 때문이거나

● CJ 주가 변화

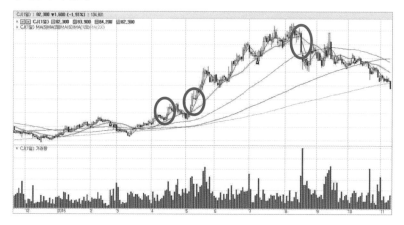

지나치게 많은 정보로 인한 판단의 오류 때문입니다. 경제 TV 하나만 틀어 봐도 수십 수백 개의 추천 종목이 쏟아지는데 언뜻 들으면 모두 다 내가 가진 주식보다 좋아 보입니다. 하지만 과연 그 수많은 종목들이 내가 가지고 있는 종목보다 더 좋은 종목들이 될까요? 그렇지 않을 것입니다. 오히려 거래를 많이 하게 만드는 이유만 될 뿐입니다.

위의 그래프를 보면 왼쪽 두 개 동그라미에서 나눠서 매수를 합니다. 그리고 세 번째 동그라미, 앞서 공부한 Sell sign 한 번에서 최소한 절반 이상을 매도하려고 합니다. 이렇게 작게는 3번 많게는 4번 정도 의 거래만 할 수 있다면 (이 그래프로 보자면 5개월 동안 두 번에 나눠 사고 한 번 또는 두 번에 나눠서 파는 것입니다) 우리는 신경은 신경대로 덜 쓰면서도 좋은 성과를 얻을 수 있을 것입니다.

다시 한번 강조합니다. 시세는 조금만 보고 거래는 단 한 번만 할 수 있는 투자를 목표로 해 보시기 바랍니다.

● 꼭 해야만 하는 해외 투자 ●

요즘 들어 해외 투자가 붐입니다. 동학 개미의 뒤를 이어 서학 개미라는 이름마저 생겼을 정도이니 국내 개인 투자가들의 해외 주식 투자 붐이 일고 있는 것은 분명한 사실이라 하겠습니다. 제 경우 2009년부터 미국 증시 주식에 직접투자하는 해외 투자를 시작했고 개인적인 커리어나 성과에도 상당한 도움이 되었습니다. 제가 해외 투자를 시작할 때 가장 많이 들었던 우려의 소리는 한국도 제대로 모르면서 잘 알지도 못하는 해외 투자가 웬 말이냐 하는 것이었습니다. 지금도 제 주변의 개인 투자가들에게 해외 투자를 추천하면 '한국 주식도 잘 모르는데 해외 투자를 어떻게 하느냐'는 말을 제일 많이 듣습니다. 확실히 해외 투자는 국내 투자와 비교해서 잘 모르는 것에 대한 불확실성이 있는 것이 사실입니다. 그럼에도 해외 투자를 지금도 높은 비중으로 유지하고 있고 주변 사람들에게도 추천하는 이유는 해외 투자의 장점이 분명하기 때문입니다.

우리나라는 제조업 강국입니다. 우리나라 증시는 사실 엄청난 장점이 있는데요. 규모는 별로 크지 않지만 수많은 제조업 분야에서 글로벌 선두 그룹을 형성하고 있는 국가란 점입니다. 그래서 외국인 투자가들은 한국 증시를 일컬어 한때 닥터 코스피(Dr. KOSPI)*라고 부르기도 했습니다.

하지만 그럼에도 우리나라가 경쟁력을 가지지 못하는 분야 또한 많습니다. 예를 들어 비메모리 반도체나 소프트웨어 산업이 그러합니다. 그리고 우리나라에서 경쟁력을 가지지 못하는 분야가 글로벌 증시의 중심이 될 때 우리나라는 글로벌 증시의 흐름에서 소외될 수 있습니다. 해외 투자는 국내 투자가들이 이런 한계점을 극복하게 해주는 아주 좋은 방법이라 할 수 있습니다.

우리나라가 현재까지 가지고 있는 한계점에 대해서 설명해 보겠습니다. 널리 알려진 바와 같이 우리나라는 반도체 강국입니다. 반도체 산업은 크게 비메모리 반도체와 메모리 반도체로 구

> * 한국 시장이 수출 기업 위주인 탓에 글로벌 경기 동향을 가장 빨리 반영하는 시장이라는 의미에서 붙여진 별명

분되는데요. 우리나라의 경우 메모리 반도체 강국입니다. 그래서 전 세계적으로 반도체가 호황이지만 메모리 반도체보다 비메모리 반도체가 훨씬 좋을 경우 미국의 필라델피아 반도체 지수가 급등을 해도 우리 시장은 상승하지 못하는 경우를 보게 됩니다.

또 다른 예를 들어 보겠습니다. 앞서 우리나라는 제조업에서 강한 경쟁력을 가진 만큼 IT 분야에서 소프트웨어 업종의 경쟁력은 상대적으로 그렇게 높지 않다고 이야기했습니다. 또한 우리나라는 인구수가 많지 않은 수출 중심 국가이기에 내수 산업은 다른 나라와 대비해서 크지 않은 것도 사실입니다. 이런 이유 때문에 우리나라 주식 시장이 전 세계적으로 소외되는 경우도 종종 있습니다.

이와 같은 점들 외에도 우리 시장의 한계 요인은 적지 않은데요. 이 한계 요인을 가장 잘 극복할 수 있는 방법이 바로 해외 투자입니다. 해외 투자는 우리나라 주식이 갖는 한계점을 극복할 수 있는 가장 좋은 방법인 것입니다. 투자를 함에 있어 꼭 '애국자'가 될 필요는 없습니다.

해외 기업을 잘 알지 못해도 문제없습니다. 밤에 열리는 해외 시장이기 때문에 시세를 실시간으로 확인하기 힘들어도 앞에서 시세는 조금만 볼수록 좋다는 말씀을 드렸고 저 역시 하루에 한 번의 종가만 보고 매매를 해도 전혀 문제될 것이 없었습니다. 잘 모르는 것이라는 불확실성도 만일 시장이 나보다 훨씬 더 많은 정보를 가지고 있다라고 생각한다면 충분히 시가총액이 높은 유명한 글로벌 기업들은 투자하는 데 있어 잘 알지 못한다는 이유가 크게 문제될 것이 없습니다. (최근에는 국내 증권사를 통한 추천도 많은 편입니다.)

최근에는 수많은 지수와 산업에 대한 ETF들이 우리나라 혹은 해외에 상장되어 있기 때문에 조금만 공부를 한다면 적절한 투자 대상을 찾을 수 있습니다.

● 주식 투자는 주가와 시간의 함수이다 ●

주식 투자는 주가와 시간의 함수입니다. 너무나 당연한 이야기인데 굳이 따로 설명하는 이유는 투자를 하면서 자꾸 이 사실을 잊기 때문입니다. 주식 투자의 기본이 싸게 사서 비싸게 파는 것이기 때문에 대부분의 투자가들은 주가에 집중합니다. 우리가 주식 투자를 하면서 매우 자주 접하는 주가 그래프로 치면 Y축에 집중하는 것입니다. 다음 주가 그래프를 보도록 하겠습니다.

그래프에서 확인할 수 있듯이 같은 회사의 같은 주가 수준임에도 한 번은 수익이 나는 주가이고 한 번은 손실이 나는 주가가 됩니다. 그렇기 때문에 주식 투자를 함에 있어 가격에만 집중하게 되면 좋은 결과를 얻기가 어렵습니다. 너무나도 당연하게 투자에서는 시간이라는 X축을 반드시 고려해야 합니다. 기본적으로 주가는 회사의 가치이고 시간이 경과하면서 그 가치는 변하기 마련입니다. 그러므로 시간을 고려하지 않은 투자는 반쪽짜리 투자라 할 수 있습니다.

제 입장에서 주식을 사는 이유는 하나입니다. 올라갈 것이 예상될 때입니다. 반대로 주식을 팔 때는 두 가지 이유가 있습니다. 하나는 하락할 것 같기 때문이고 또 하나는 올라가지 않을 것 같아서입니다.

LS 주가 변화

저는 시간을 더 중요하게 생각하기 때문입니다.

투자 경험이 많지 않은 사람들이 가장 많이 하는 오류 중 하나가 어떤 주식을 사서 수익을 내고 팔았는데 그 회사의 주가가 다시 내가 산 가격까지 내려왔을 때 다시 매수하는 것입니다. 한참 좋던 자산이 어느 순간 급락했다고 이 자산을 매수해야 하는가 하지 않아야 하는가에 대해 수많은 투자 의견이 생겨나는 것도 같은 이치입니다. 지난 코로나 확산으로 인해 전 세계 주가가 급락하고 모든 금융 자산이 폭락했던 시기에 원유 폭락을 목도하고 원유 ETF에 대거 투자했던 경우 역시 마찬가지 경우로 볼 수 있습니다.

말했듯이 주식 투자란 단순히 가격에 대한 투자가 아닙니다. 주식 투자는 주가와 시간의 함수입니다. 그리고 시간과 주가의 함수로 주식 투자를 생각해 보면 반드시 주가를 싸게 살 때 투자의 결과가 좋을 이유가 없습니다. 오히려 전날이나 일주일 전보다 더 비싸게 살 때 효과적인 경우가 많이 있습니다. 저 역시도 투자를 할 때 주가라는 Y축보다는 시간이라는 X축을 더 중요하게 여기는 편입니다. 즉 지금이 올라가는 과정에 있는 것으로 보이느냐 아니냐가 지금 주가가 싼지 비싼지보다 더 중요하다는 뜻입니다. 주식을 매수하는 것은 가격을 사는 것만이 아니라 시간을 사는 것이기도 합니다. 앞으로 주식 투자하실 때 이 점을 잊지 않으셨으면 좋겠습니다.

● 롱은 롱이고 숏은 숏이다: 공매도(short sales) 대응법 ●

일반적인 주식 투자보다는 선물 트레이딩에서 많이 쓰는 용어인데
요. 보통 우리는 매수 포지션을 'Long position'이라 하고 매도 포지
션을 'Short position'이라고 합니다. 저도 처음 들었을 때는 별 뜻 없
이 그냥 그런가 보다 생각했지만 이 단어에는 오묘한 의미가 담겨 있
습니다.

지금부터 자산 가격 변화에 따른 매수 포지션의 수익률 곡선과 매
도 포지션의 수익률 곡선을 보여 드리겠습니다.

우선 매수 포지션의 수익률 그래프입니다. 자산 가격이 1 올라간
다고 하면 초기에는 1만큼 상승하게 됩니다. 그러나 시간이 지나가면
갈수록 자산 가격의 상승분을 초과하는 투자 수익률이 발생하게 됩
니다. 왜냐하면 여러분이 잘 아는 것처럼 복리 효과가 발생하기 때문
입니다. 이것을 시간의 관점에서 생각해 보면 매수는 투자 초기보다
투자 후기에 수익률 곡선이 가팔라지면서 좋아지는 것을 알 수 있습

● 매수 포지션 수익률 그래프

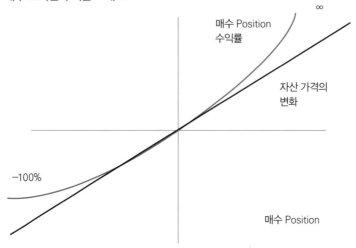

니다. 바로 이러한 이유 때문에 매수 포지션을 'Long position'이라고 하는 것입니다. 매수는 오래 보유할수록 유리하다는 의미라 하겠습니다.

이번에는 매도 포지션의 수익률 그래프입니다. 매도 포지션은 당연히 자산 가격이 하락할 때 수익이 발생하겠지요? 그래프를 보면 자산 가격이 하락함에 따라 초기에는 자산 가격이 1만큼 하락할 때 1만큼 수익이 발생하는 것을 알 수 있습니다. 그러나 시간이 지나 보면 자산 가격이 하락한 만큼 수익이 나지 않고 오히려 수익률이 둔화되는

● 매도 포지션 수익률 그래프

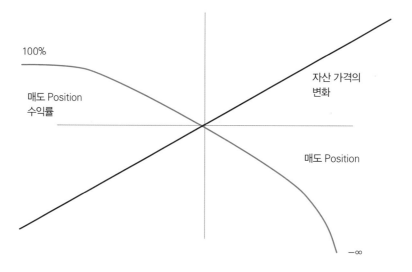

100%

자산 가격의
변화

매도 Position
수익률

매도 Position

−∞

것을 볼 수 있습니다. 시간의 관점에서 보면 매도는 투자 초기에만 정상 수익률이 발동한다는 것을 알 수 있습니다. 그래서 매도 포지션을 'Short position'이라고 하는 것입니다. 매도 포지션은 단기 트레이딩용으로 사용해야 한다는 의미이기도 합니다.

이번에는 매수 포지션의 최대 기대 수익률과 최대 손실률, 매도 포지션의 최대 기대 수익률과 최대 손실률을 두 개의 그래프를 통해서 설명하겠습니다. 매수 포지션의 최대 기대 수익률은 무한대입니다. 반면 최대 손실률은 100%입니다. 투자한 회사가 부도가 나서 완전히 공중에 사라졌다 하더라도 내 원금만 다 날리는 것입니다. 매도 포지션은 완전히 반대입니다. 그래프에서 보는 것처럼 매도 포지션의 최대 기대 수익률은 100%입니다. 공매도한 기업이 부도가 나서 완전히 공중분해된다 해도 내가 얻을 수 있는 최대 수익률은 100% 이상이 될 수 없습니다. 반대로 최대 손실은 무한대입니다. 공매도한 기업의 주가가 계속 오르면 원금 이상으로 계속 손실이 나는 것입니다.

이상으로 간단하게 우리가 흔히 하는 매수 포지션과 매도 포지션의 근본적인 속성에 대해서 설명해 보았습니다. 주식 투자를 하는 데 있어 반드시 알아야 하는 것이라고 할 수는 없겠지만 이 기본적인 속성을 이해하게 되면 다른 많은 것들이 보일 것이고 끝까지 기본을 잘 유지할 수 있을 것입니다.

한 가지 더 중요한 이야기를 해 보도록 하겠습니다. 앞에서 매수 포지션(Long position)과 매도 포지션(Short position)의 최대 기대 수익률과 최대 손실을 이야기했는데요. 최대 기대 이익과 최대 손실의 측면에서 보면 매수 포지션과 매도 포지션은 위험에 있어 비교가 안 됩니다. 즉 매도 포지션이 비교도 안 될 정도로 훨씬 위험한 포지션입니다. 최대 손실은 크고 최대 기대 이익은 낮기 때문입니다.

증시가 위기에 몰리면 금융 당국이 제일 먼저 하는 조치가 공매도 금지 조치입니다. 또 많은 개인 투자가들이 증시 하락의 원인으로 기관들의 공매도를 꼽습니다. 제가 일하는 증권사 프랍 트레이딩 파트가 어떤 기관보다 매도 포지션을 많이 하는 곳이기 때문에 저 역시 매도 포지션을 이용한 투자 전략을 많이 해 보았습니다. 그런데 앞서 설명한 대로 매도 포지션은 매수 포지션보다 훨씬 위험한 포지션입니다. 그리고 이 매도 포지션을 많이 이용하는 웬만한 기관 투자가들은 이 사실을 잘 알고 있습니다. 이 말은 매도 포지션 하나만 사용하는 전략은 거의 사용하지 않는다는 뜻입니다. 매도 포지션은 주로 매수 포지션의 헷지(hedge)*로 사용합니다. 어떤 자산을 매도하고 있다면 반드시 이에 상응하는 반대편 매수 포지션이 있다는 뜻입니다.

매도 포지션은 거의 다른 자산의 매수 포지션에 대한 헷지 포지션으로 사용하는 것이 정석이기 때문에 매도 포지션이, 기관들의 공매도가 증시를 하락시키는 요인이 된다는 것은 조금 지나친 과장입니다. 그러니 기관들의 공매도 전략에 대해 그리 민감하

> * 투자가가 보유한 자산의 가격 변동으로 인해 생길 수 있는 위험을 줄이거나 없애는 투자 전략

게 생각하지 않아도 됩니다. 만일 매도 포지션만 구축하는 투자가가 있다면 이는 스스로 불구덩이 속으로 뛰어 들어가는 것과 마찬가지입니다. 가장 위험한 포지션을 어떤 헷지도 없이 들어가는 셈입니다. 만일 그런 투자가가 있다면 우리는 절대 걱정할 필요가 없습니다. 그들의 포지션이 가장 위험한 포지션이기 때문에 시간은 우리 편일 것입니다. 시간만 보내면 그들이 먼저 무너지게 되어 있습니다. 매도 포지션이 잘못될 경우 손실이 무한대라는 점을 꼭 기억하시기 바랍니다.

그러니 기관의 공매도에 대해서는 지나치게 신경 쓰지 않아도 좋습니다. 공매도와 매수가 만나면 매수가 무조건 유리합니다. 시간이라는 아군이 있기 때문입니다.

2

실전 투자를 위한
진짜 실전 이야기

◉ 위기 극복 사례 ◉

이 책을 쓰면서 가장 중요하게 여기고 있는 한 가지 핵심이 있다면, 큰 손실을 통해서 무너지지 않는다면 결국 수익이 따라온다는 점입니다. 그렇기 때문에 주식시장에 참여하는 모든 사람들이 겪게 되는 강력한 위기 상황에서 살아남는 것만큼 중요한 일은 없을 것입니다. 이에 그동안 제가 경험했고, 주식시장 참여자들이 모두 다 공통적으로 경험할 수밖에 없었던 대규모의 위기 상황과 이에 대한 제 개인의 극복 과정을 소개함으로써 독자 여러분의 투자 생활에 도움을 드리고자 합니다.

1) 2008년: 한 편의 영화 같았던 순간

2008년 금융위기는 돌이켜 보면 제 인생에 있어서 가장 영화 같은 순간이었습니다. 그 이전 해에 꽤나 높은 수익을 내기도 했고, 서른여덟이라는 어린 나이에 주식운용팀장이 되면서 건방이 하늘을 찌르던 시기이기도 했습니다. 당시 저와 제가 총괄하고 있던 팀은 총 1,400억 원의 자금을 운용하고 있었습니다. 그때 시장을 그렇게 좋게 보고 있던 상황은 아니었기 때문에 주식 보유 비중이 아주 많지는 않았습니다만 2008년 초반 미국에서 모기지에 문제가 있다는 소식을 접했음에도 솔직히 그냥 그런가 보다 했습니다. 때문에 강한 보수적 전략은 취하지 못하고 있었는데요.

그런데 현실은 다음 그래프에서 보는 것처럼 1년 내내 흘러내리는 상황에서 꽤 높은 손실을 쌓아가고 있었습니다. 특히 2008년 9월 초 증시가 급등락을 하루 사이로 반복하는 시기가 있었는데 저는 이것을 바닥의 신호로 보고 오히려 주식 비중을 조금 늘리기까지 했습니다. 하지만 바닥 신호라고 판단했던 등락은 바닥 신호가 아니었고

10월 초 본격적인 급락을 보이면서 손실이 대략 70~80억 정도로 커지게 됩니다.

그래프를 보면 8월부터 9월 사이의 하락이 이후 하락 폭 덕분에 크지 않은 것처럼 보이지만 지수 1,600pt에서 1,400pt까지의 하락은 결코 낮은 수준이 아니었습니다. 그런데 저는 당시 큰 오판을 하고 있었습니다. 미국에서 서브프라임 모기지 사태로 인해 큰 위기가 몰려오고 있음에도 그 위기가 과연 어떤 수준이 될 것인지 정말 미국의 대형 투자은행(IB, Investment Bank)들이 무너지는 상황으로 이어질 초대형 위기 상황인지 솔직히 인지하지 못했습니다. 오히려 '좋지 않은 상황인 것은 인정한다. 그래서 증시도 한 달 동안 이렇게 하락하고 급등락이 반복되는 것 아니겠는가···. 위기를 미리 선반영하는 것이 주식시장이라면 현재 300억 원 정도의 주식 비중은 이후 반등을 위해 필요하다. 결국 여기에서 바닥이 형성될 것이다···'와 같은 안일한 생각과 판단을 하고 있었습니다.

하지만 그래프에서 볼 수 있는 것처럼 9월은 사실 하락이 시작된 것도 아니었습니다. 10월 초에 접어들면서 증시는 바닥 형성과 반등은커녕 본격적인 하락 흐름이 시작됩니다. 10월 7일의 음선은 이유 여하를 막론하고 본격적인 Short sign과 유사한 형태였습니다. 분명히 말하지만 저는 미국에서 발생한 금융위기가 어떤 규모의 파급력을 가질지 가늠조차 못하고 있었습니다. 이후에 대형 은행들이 망하고 실업률이 치솟고 GDP가 역성장하는 글로벌 위기가 올 것이라고는 상상조차 못했던 것입니다. 다만 증시는 바닥이라고 생각한 부분에서 오히려 Short sign을 주었습니다. 그것도 한두 개의 종목이 아니라 지수 전체에서 말입니다. 그래서 저는 '내가 바닥에 지진다고 해도 어쩔 수 없다. 여기서 손실이 더 발생하면(당시 손실액은 70~80억 원) 나는 집에 가야 한다'는 결정을 내렸습니다. 그리고 주식 보유량만큼인 300억 원 규모의 선물 매도 포지션을 바로 10월 7일 잡게 됩니다.

주식 비중이 '0'이 된 것입니다. 이후 증시는 지수 1,400pt에서 892pt까지 한 달 동안 사상 유례가 없는 초급락을 보여 줍니다. 하락률로는 1개월간 37%였으며 증시에 입문한 후 처음으로 선물 지수의 하한가를 경험하기도 했습니다. 그것도 며칠씩이나 말입니다. 2020년 겪었던 코로나로 인한 증시 급락과는 비교도 안 될 수준이었습니다.

진짜 이유는 알지도 못했지만 바닥이지 않을까 했던 시점에서 나온 Short sign에 대응한 덕분에 다행히 9월의 끔찍한 하락에 가슴은 졸였지만 더 큰 위기를 피할 수 있었습니다. 한편 바닥을 찾는 과정에서 더 드라마틱한 장면이 있었습니다. 10월 27일이었던 것으로 기억하는데요. 제 인생에 있어 유일한 영화와 같은 순간이었습니다. 아주 구체적인 근거는 기억나지 않지만 저와 저의 팀원들은 급락이 있었기 때문에 기술적인 반등만으로도 수익을 줄 수 있을 것으로 판단하고, 반등의 여러 가지 징후들을 나열해 놓고 있었습니다. 저와 제 팀에서 나열했던 여러 가지의 반등 징후들이 나타난 시점에서 가지고 있었던 선물 매도 포지션을 환매했습니다. 아마 그 시간이 전일 대비 1~2% 정도의 약세 순간이었던 듯합니다. 장고 끝에 선물 매도 포지션을 청산했는데, 이는 순간적으로 주식을 300억 원 매수한 것과 같은 효과였습니다. 그런데 이후 다시 시장은 급락을 보였고 순식

간에 선물 하한가까지 내려가게 되었습니다. 시간으로 치면 한 시간도 안 되는 시간만에 10%의 하락을 보인 것이고 순식간에 30억 원이란 손실이 추가로 발생한 것입니다.

저는 가만히 앉아서 시장을 볼 수가 없었습니다. 시간은 아주 느리게 흘러갔고 마치 꿈속에 있는 것처럼 주변의 모든 것들이 의식되지 않는 멍한 순간을 보내고 있었습니다. 당시 저희 팀원들이 각자의 자리에 앉아 모니터는 보지 않고 저만 바라보던 그 상황을 지금도 잊을 수 없습니다. 누가 시키지도 않았는데, 누가 물어보지도 않았는데 저는 팀원들에게 이런 말을 했습니다. "이제 우리 손실이 100억 원을 넘었다. 여기서 우리가 틀린다면 우리 팀은 해체될지도 모른다. 하지만 이미 던져진 주사위다. 우리가 그동안 고민했던 결과를 한번 믿어보자"라고 말입니다.

다행히 그날 종가는 전일 대비 플러스로 끝났고 그 다음 날은 장 중 선물이 상한가를 가는 등 본격적인 반등을 시작합니다. 덕분에 저와 저희 팀은 그 전에 손실을 보였던 금액까지 약 3일 만에 모두 복구하고 모든 주식 포지션을 정리할 수 있었습니다. 정말 영화와 같은 순간을 보내면서 드라마틱하게 바닥을 찾았고 그래서 저는 2008년을 무사히 넘길 수 있었습니다(당시 우리 팀은 거의 대부분의 증권사 프랍 팀 중 유일하게 손실을 내지 않은 곳이었습니다. 이후 모든 증권사 프랍 팀의 인원 교체가 있었습니다).

사실 2008년에 제가 바닥을 찾은 것은 단순히 운이 좋았다고 볼 수 있습니다. 하루 이틀 더 하락했다가 반등했을 수도 있었습니다. 다만 제가 지독하리만큼 좋은 운을 움켜쥘 수 있었던 것은 비록 손실을 본 상태이긴 했지만 10월 초에 주식을 모두 팔면서 추가 손실을 방어할 수 있었기 때문입니다. 그 무지막지했던 10월을 피할 수 있었기 때문에 바닥이라도 찾으려고 노력할 수 있었던 것입니다. 그리고 2008년에 손실을 보지 않았기 때문에 2009년에 높은 수익을 거둘 수 있었습니다. 좋은 시장에서 계속 주식을 할 수 있었던 기회가 있었기 때문입니다.

2008년의 저는 비록 손실을 보지는 않았지만 미국의 서브프라임 모기지 사태가 어떤 규모의 위험이었는지 정확히 알지 못했습니다. 단지 시장이 내가 생각하는 범위 이상으로, 그것도 아주 큰 수준으로 벗어날 때 무언가를 판단하거나 전망하지 않고 시장의 흐름에 대응했기 때문에 21세기 가장 큰 위험이었던 2008년 금융위기를 버틸 수 있었던 것입니다.

2) 찰나의 순간에 깨우친 나라는 존재

다음은 2010년 있었던 유럽 재정위기 때의 일입니다. 하락의 총 규모로 보자면 사실 2008년에 비해 크지 않은 시장이었습니다. 하지만 2010년 역시 단기에 엄청난 급락을 보이면서 모든 주식 투자가들의 투자 수익률을 후퇴시킨 한 해였습니다. 2010년 주가지수 그래프를 보도록 하겠습니다.

그래프에서 볼 수 있듯이 2010년 재정위기의 경우 2009년 '차화정' 랠리 속에서 높은 수익률을 거뒀던 이후 시점이고, 재정위기 이전까지 시장 역시 그렇게 하락 리스크가 크게 나타나지 않았던 상황이었습니다. 그리고 2010년 재정위기의 짧은 급락을 통해 증시는 완전한 레벨 다운을 하게 되면서 당시 단기간에 손실을 피하지 못하면 결국 손실을 크게 입을 수밖에 없게 진행되었던 한 해였습니다. 급락 이후 상당 기간 동안 급락 이전을 회복해 내지 못했기 때문입니다.

당시에 저는 재정위기가 발발하기 바로 직전에 휴가를 다녀왔었는데요. 회사에 복귀하고 보니 본부장과 제 팀원의 의사결정으로 인해 꽤 높은 수준으로 주식 비중이 올라간 상황이었고 유럽 재정위기가 본격적으로 반영되면서 증시가 급락하고 있었습니다.

그때 상황도 금융위기 때와 마찬가지였습니다. 유럽 재정위기가 얼

마나 큰 위기인지 사실 잘 인식하지 못했던 것입니다. '아시아 금융위기 당시 글로벌 선진 시장은 별로 큰 영향을 받지 않았다고 하는데, 그렇다면 이런 위기로 주가가 일시적으로 하락할 경우 오히려 매수의 기회가 아닐까?'라는, 지금의 저와는 전혀 다른 시각으로 시장을 바라볼 때였습니다. 그런데 증시의 하락 정도가 매우 커서 마치 2년 전 금융위기를 연상케 하는 수준이었습니다. 그때 저는 솔직히 굉장히 주식을 사고 싶었습니다. 리스크 관리의 중요성보다 하락할 때 사야 한다는 (지금의 저와는 아주 다른) 단순한 생각에 머물러 있었던 것입니다.

야근을 하려고 회사 부근에서 저녁을 먹은 뒤 벤치에서 커피 한 잔을 마시며 잠시 쉬고 있을 때였습니다. 그 순간 다음과 같은 생각이 제 머릿속을 강하게 스쳐 지나갔습니다. '2008년의 나는 급락할 때마다 주식을 사고 싶지 않았던가? 그리고 그때마다 주식은 더 많이 빠지지 않았던가? 지금처럼 평소에는 상상할 수 없을 만큼 급락할 때면 사고 싶은 생각이 완전히 사라질 때까지 하락하지 않았던가? 지금이라도 주식을 사고 싶다면 오히려 그 반대로 행동하는 것이 옳지 않을까?'

정말이지 찰나와 같은 순간이었습니다. 저는 팀원들과 본부장에게 이러한 판단, 즉 지금이 바닥이 아니라는 판단을 전하고 앞의 그래프에서 표시한 날 아침 시초가에 지난 2008년과 마찬가지로 보유 주식 전량에 대한 선물 매도 포지션을 취했습니다.

그래프에서도 확인할 수 있듯이 이후 그래프에 나와 있는 기간 동안 제가 선물 매도 포지션을 취한 가격 이상으로 증시가 반등한 적은 없습니다. 2010년에는 드라마틱한 반등을 이용하지도 않았고 남은 기간 내내 관망만 했습니다. 진짜 안정이 될 때까지, 진짜 시장이 오를 때까지 올라오면 주식을 팔고 선물 매도 포지션도 같이 청산하는 관망의 전략만 취했습니다. 2008년보다 하락도 작았고 반등도 작았기 때문입니다.

이때도 마찬가지입니다. 재정위기의 위험을 정확히 이해해서 위기를 버틸 수 있었던 것이 아닙니다. 대신 시장을 평가하고 전망하지 않고 주가가 실제로 이야기해 주고 있는 것 그대로를 읽으려고 노력했습니다. 제 마음은 주식을 사고 싶었지만 그것과는 반대로 행동했습니다. 주식시장이 사실은 '함부로 주식을 사지 말라'라고 말하고 있었기 때문입니다.

다수의 증시 전문가들은 위기가 다가올 때 "위기이니 피해라, 다 팔고 쉬어라"와 같은 이야기를 하지 못합니다. 위기인지는 알지만 주가는 항상 더 빠르고 강하게 위기를 반영하기 때문에 당시 계산되는 주가는 주가의 본질 가치 이하로 단기간에 내려가 버리기 때문입니다(즉 밸류가 싸지기 때문입니다). 또한 (이것 역시 중요한 문제인데) 이미 급락하기 시작해 고객들이 손실을 보고 있는 상황에서 "안 좋다. 다 팔고 쉬어라"는 이야기는 인기를 끌지 못하는, 아니 욕먹기 딱 좋은 콘텐츠이기 때문에 그런 내용을 전달하기가 어렵습니다. 때문에 위기 상황에서의 분석 글이나 기사 등은 큰 도움이 되지 않습니다. 그보다는 시장이 이야기해 주는 것을 그대로 읽는 게 훨씬 더 중요합니다. 시장이 말해 주는 것이 무엇이냐고요? 평소와 다른 급격한 변동성의 증가가 연속적으로 나타나면 그건 시장이 "조심해, 피해!"라고 이야기하는 것입니다.

3) 코로나 팬데믹: 하락할 때보다 상승할 때 1주라도 많으면 수익을 낼 수 있다

마지막 위기 극복의 사례는 2020년의 코로나 펜데믹입니다. 이때 저는 운용 환경이 달라져 있었는데요. 그동안 해 왔던 고유자산 운용(프랍 트레이딩)이 아닌 대고객 주식 상품 운용을 하던 시기였습니다. 지금은 다시 회사를 옮겨 고유자산 운용을 하고 있지만 당시 저는 '김진PB랩 글로벌 전략형'이라는 랩 상품을 만들어 대고객 주식 상품을 운용하고 있었습니다. 앞서 저는 주식 투자를 가장 잘하는 사람은 단순히 높은 수익을 내는 것이 아니라 자신의 투자 환경에 알맞게 운용하는 것이라고 말한 바 있습니다. 그래서 당시 저는 운용 전략 측면에서 볼 때 이전 고유자산 운용보다는 상대적으로 높은 주식 비중을 유지해야 하는 상황이었습니다. 물론 절대수익을 목표로 운용하는 기본 콘셉트는 달라진 것이 없지만 고객들은 항상 벤치마크 지수라는 것을 비교해 상품의 성과를 평가하기 때문에 고유자산 운용을 할 때처럼 10% 이하의 주식 비중을 계속해서 유지할 수는 없었습니다. 그렇게 하면 기존 고객들의 안정적인 수익률은 조금 더 보

● 2020년 KOSPI 주가 변화

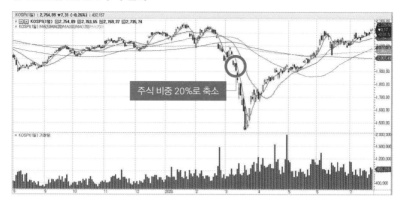

주식 비중 20%로 축소

수적으로 유지되겠지만 대신 제 운용 상품의 잔고가 증가할 가능성
이 사라지기 때문입니다. 그래서 당시 저는 일반 주식형 상품보다는
훨씬 적극적으로 자산 배분을 하면서(주식 비중의 조절) 운용하고 있
었지만 그렇다고 벤치마크 대비 성과를 무시할 수 없었기에 평균적인
주식 비중은 제가 고유자산을 운용할 때보다 확실히 높은 수준이었
습니다(평균 60~70%, 고유자산 운용 평균 10~30%).

지금은 없어진 '김진PB랩 글로벌 전략형'이라는 상품은 2019년
11월부터 운용이 시작된 상품이었습니다. 당시 저는 글로벌 전략형
이라는 이름에 걸맞게 한국 주식과 미국 주식 혹은 다른 아시아 주

식에 제한을 두지 않고 글로벌한 포트폴리오를 구성하고 있었습니다. 코로나의 발발과 함께 증시가 본격적으로 무너지기 직전까지 약 70% 이상의 주식 비중을 유지하고 있었습니다. 성과 역시 주식 포트폴리오의 상당 부분을 미국 성장주로 편입해 놓은 상태였기 때문에 주식 비중은 70% 수준이었지만 국내 주가지수 수준 이상의 성과를 기록하고 있었습니다.

그러던 중 2월 하순에 들어서면서 우리나라 증시뿐 아니라 전 세계가 본격적인 하락세를 보이게 됩니다. 이미 이전에 중국에서 코로나 바이러스가 창궐했으나 당시의 글로벌 증시 주가 반응은 상당히 미온적이었기 때문에 저는 글로벌 증시에 거대한 쇼크를 만들어 낸 실질적인 이슈에 대해 강력한 위험으로 이해하지 못하고 있었습니다. 다만 증시 반응이 종목별로 Sell sign이 나올 때에는 무조건 반응하고 대응한다는 원칙이 있었기 때문에 기존의 70% 이상이었던 주식 비중을 국내 지수 기준 2,200pt 레벨에서 2,100pt 레벨로 다운되는 과정에서 50% 이하로 하향 조정을 시키긴 했습니다. 여전히 안일한 판단을 하고 있던 상황에서 2월 28일 본격적인 Short sign 형태의 하락이 나타나기 시작합니다. 그런데 이때에도 제대로 반응하지 못했습니다. 아마도 이전에 이미 주식 비중을 40%에 가깝게 줄여 놓았다라는 안도감 때문이었던 것 같습니다. 다만 분명히 Short sign으로 보이는 일봉인데 이후 빠른 시간에 회복을 하지 못한다면 보다 보수적일 필요는 있겠다고 생각은 하고 있었습니다. 이후 그래프에서 보는 것처럼 마치 Short sign이 속임 형이었던 것처럼 4일 동안 반등을 합니다. 그러나 결국 이전 레벨 다운을 하기 직전 시점으로까지 회복하지 못하고 재하락하는 형태의 하락이 3월 6일 나타납니다. 이때 저는 원칙을 지켜야 한다는 생각에(그리고 심정적으로도 주식을 사야 한다는 생각이 다시 한번 저를 압도하고 있다는 것을 인지하고) 주식을 한 번 더 줄이는 결정을 하게 됩니다. 그래서 3월 9일을 종가로 했을 때 주식 비중을 20% 이하 수준으로 가져가게 되었습니다. 이후 시장은 3월 9일부터 3월 19일까지 정말 스트레이트로 2,040pt에서 1,457pt까지 하락하게 됩니다.

이번에도 아주 운 좋게 가장 위험했던 구간에서 이전처럼 주식 비중 0은 아니지만 20%라는 높지 않은 비중으로 시작할 수 있었던 것입니다. 다만 이번에는 저의 전략이 이전과 분명히 달랐습니다. 이유는 앞에서 말한 대로 제가 고유자산 운용이 아닌 벤치마크 지수를 평가의 잣대로 삼는 주식형 상품을 운용하고 있었기 때문입니다. 그래서 제 전략은 '바닥을 찾을 수는 없다. 지난 2008년에 찾을 수 있었던 것은 지나치게 운이 좋았을 뿐이다', '대신 현재의 구조는 반드시 강한 반등을 수반하게 되어 있고 이 과정에서 고객들의 수익률을 유지시킬 필요가 있다. 따라서 매일 급락할 때마다 조금씩 늘려 간다. 언제일지 모르는 바닥이 다가올 때까지'였습니다. 그래서 저는 이후 10일 동안 많게는 하루에 4%씩, 작게는 하루에 2%씩 계속해서 주식 비중을 늘려 갔습니다. 미국 주식이나 한국 주식이나 상관없이 말입니다. 어떤 주식이 오를지 알 수 없었기 때문에 한국 증시나 미국 증시 모두 지수 ETF를 매수하면서 주식 비중을 늘려 갔습니다. 이때는 제가 경제 TV에도 출연하던 시기였는데 방송에 나가서도 이 전략에 대해 말씀드린 기억이 납니다.

저는 언제 바닥이 나올지 알 수 없었고 알려고 노력하지도 않았습니다. 어차피 알 수 없는 것이었기 때문입니다. 다만 이렇게 늘려 가다 보면 어느 시점에서 의미 있는 반등을 하기 시작할 때 조금만 반등을 해도 내 고객의 수익은 높은 수준에서 유지될 수 있다는 생각만 했습니다. 결국 3월 19일 1,439pt를 저점으로 바닥이 잡힙니다. 그리고 이 저점이 되었을 때 '김진PB랩 글로벌 전략형'의 주식 비중은 60%가 되었고 수익률은 -8%였습니다. 막판 3일간 변동성이 더 커지는 상황이 되었는데 그때는 이미 주식을 매일 조금씩 사면서

60%에 가까운 주식 비중이 만들어졌기 때문에 마지막 저점에서의 수익률은 -8%까지 치솟을 수밖에 없었습니다. 당시 제가 이를 두고 얼마나 후회했는지 모릅니다.

아무리 제 상품에 투자한 고객들이 시장의 상승 하락 정도를 비교해 성과를 평가한다고 해도 제가 상품을 설계하고 판매할 때 강조했던 부분은 회사에서 고유자산을 운용할 때처럼 절대수익을 기본적으로 목표한다였는데 일단 -8%까지 절대적인 손실이 발생했기 때문입니다. 결과적으로 저는 거짓말을 한 것이나 다름없었습니다. 때문에 저는 고유자산을 운용하던 대로 주식 비중을 0에 가깝게 만들어 놓고 주식 비중을 서서히 늘리는 것이 아니라 바닥이 올 때까지 기다렸다가 확인한 후에 주식 비중을 늘려 갔어야 했다라는 깊은 후회를 했습니다.

지금은 운용하지 않는 사라진 상품이기에 그리고 이후에는 주식 상품을 당장 판매할 계획이 없기에 당시의 상품 수익률 그래프를 보면서 설명하도록 하겠습니다. 다음 그래프에서 볼 수 있듯이 결국 이후에 시장이 반등을 했기 때문에 절대수익으로 아주 빠른 시점에 회복이 되었고 이후에도 시장 대비 훨씬 우위의 성과를 거두게 됩니다. 하지만 사실 이는 냉정하게 볼 때 증시가 아주 강한 반등을 해 주었

● 김진PB랩 글로벌 전략형 수익률 그래프

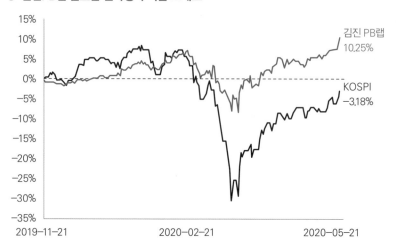

기 때문에 얻어진 결과입니다.

증시가 이러한 V자 반등을 뚜렷하게 보여 주지 못했다면 다른 주식형 상품 대비 상대적으로 우위일지 몰라도 그래도 일정 수준의 손실에서 벗어나지 못했을 것입니다. 시장이 V자형으로 반등해 줄 것을 기대한 것은 사실이지만 여러 차례 말한 대로 저는 주식 투자를 할 때 예상한 대로 포지션을 만들면 더 위험해진다고 생각하는 주의입니다. 그렇기 때문에 사실 결과는 좋았을지 몰라도 완전히 좋은 투자를 했던 것은 아니라고 생각합니다. 다만 이 역시 초반에 20% 수준으로 주식 비중 자체를 감소시킬 수 있어서 이후에 무엇이라도 해볼 수 있었던 것이 사실입니다.

이번 경우에도 가장 핵심적인 부분은 3월 9일을 기준으로 주식 비중을 20% 이하로 극단적으로 낮춘 바로 그 부분입니다. 역시 급락을 이겨내는 가장 좋은 방법은 주식을 하지 않는 방법이 최고라 하겠습니다. 당시에 주식 비중이 높았다면 할 수 있는 게 아무것도 없었을 것임은 자명한 사실입니다.

🔑 KEY POINT

지금까지 극심한 위기 상황에서 어떻게 위기를 극복했었는지 되짚어 보았는데요. 이 세 번의 사례에는 중요한 공통점이 있습니다.

첫 번째는 저 역시 이 위기의 본질을 정확히 이해하지 못했다는 점입니다. 이 세 번의 위기는 단기 증시 하락 정도로만 보면 그리고 이후 실제 경제지표에 준 충격을 확인해 보면 엄청나게 큰 위기였음에도 불구하고 그 위기의 본질에 대해서 제대로 된 이해를 선제적으로나 동행적으로 했던 적이 단 한 번도 없었습니다. 모두 다 사후적으로 확인하고 이해했을 뿐입니다. 이 말은 위기의 내용을 정확히 이해할 수 있어야만 적절한 위기 관리가 가능하다는 말이 아니라는 뜻입니다. 아는 것과 이해하는 것은 분명 중요한 부분이지만 꼭 모든 것을 다 알아야만 주식 투자에서 성공할 수 있는 것은 아니라는 의미입니다.

두 번째는 결국 세 번의 위기 상황 모두 다 첫 번째 추세 하락 전환 신호에서 주식 비중 자체가 극적으로 낮아졌다는 점입니다. 주식 투자를 하는 대부분의 투자가들은 가능한 싸게 사려고 합니다. 그래서 주가가 이전의 하락과는 비교도 되지 않게 급락하는 경우 위험 징후가 있다는 것에 초점을 맞추기보다는 주가가 싸졌다는 점에 초점을 맞추는 경우가 많습니다. 주가가 싸졌다는 점에 초점을 맞추게 되면 추세가 바뀌는 것이 보이지 않게 됩니다. 지난 세 번의 위기에서 제가 가장 잘 대처했던 점이 바로 이것입니다. 통상 이전의 흐름보다 훨씬 큰 폭의 주가 변동 폭이 나타나게 되면, 그것도 올라야 정상인 상황에서 오히려 변동성이 더 커지는 상황이 되었을 때 기존 주식에 대한 관점을 모두 다 뒤집고 리스크 관리를 진행한 것, 극적으로 주식 비중을 줄인 것이 제가 생존할 수 있었던 핵심이라 하겠습니다.

앞에서 설명한 것과 같은 위기는 그렇게 자주 오지 않습니다. 하지만 10년에 한두 번은 꼭 나타나는 일이기도 합니다. 그리고 이런 위기를 계기로 소위 증시의 '물갈이'가 이뤄집니다. 그러므로 이런 위기를 큰 상처 없이 견뎌내는 것, 즉 물갈이 당하지 않는 것만으로도 우리는 이후에 장밋빛 미래를 보장받을 수 있습니다. 결국 주식은 다시 올라가 줄 것이기 때문입니다. 따라서 이런 위기에서 큰 손실을 보지 않고 견뎌 내는 것은 곧 수익을 내는 것과 다름없다 하겠습니다.

결국 '크게 깨지지 않으면 수익을 낼 수 있는 것이 바로 주식 투자'입니다. 그리고 이런 위기에서 견디는 가장 좋은 주식 투자 방법은 좋은 주식을 고르는 것이 아니라 '주식 투자를 하지 않는 것'입니다.

6장

앞으로의
주도주를 찾아서

2020년 12월 어느 날에 그려 본
주도주 이야기

코로나 팬데믹
이전과 이후의 주도주

이 챕터의 내용은 2020년 12월 어느 날 사무실에 앉아 시장을 정리하고 중기적인 전망을 했던 저의 일기를 다시 재구성한 것입니다. 시장은 날마다 변화무쌍하게 변합니다. 그래서 이 일기가 지금 책을 읽는 시점에 맞지 않는 이야기일 확률이 아주 높습니다. 다만 시장을 이해하는 저의 기본적인 논리와 주도주에 대한 생각에 초점을 맞춰서 읽어 주시면 감사하겠습니다.

제 오랜 주식 투자 기간 경험을 놓고 보아도, 2020년은 참으로 드라마틱한 해였습니다. 야심차게 상승하던 주식시장은 코로나 팬데믹 충격으로 10년 만에 말 그대로 급락했는데요. 하지만 모든 경제 활동의 후퇴가 예상된 그 시점에서 각국이 쏟아부은 유동성 덕분에 시장은 V자형의 회복세를 보여 주었습니다.

주가지수만을 놓고 보자면 코로나 사태와 상관없이 계속 주식을 보유하고 있었다면 결과적으로 수익이 났을 한 해이고, 개별종목으로 보자면 전형적인 K자형 회복 속에 양극화가 심했던 한 해였습니다. '언택트(Untact)'라는 새로운 용어가 생겨났으며 증시는 성장주 (growth) vs 가치주(value) 혹은 언택트 vs 컨택트(contact)로 양분되었습니다. 이 모든 것이 코로나 바이러스 때문인 것처럼 보이는 게 사실입니다.

코로나 팬데믹 발생 직후 시장이 전체적으로 회복하는 과정에서 우리나라뿐 아니라 전 세계적으로 성장주가 가치주를, 언택트주가 컨택트주를 압도했습니다. 전 세계적인 유동성 공급 상황이었기 때문에 저금리에 훨씬 더 유리한 성장주가, 그리고 언택트 시대에 맞춘 언택트 분야의 주가가 상대적으로 크게 상승했다는 것은 일견 가장 타당한 해석으로 들립니다. 더욱이 성장주 대부분이 언택트라는 비즈니스 모델을 가지고 있었기 때문에 성장주와 언택트주로의 집중이 더더욱 타당했던 것으로 보입니다. 그런데 과연 이것이 다일까요? 코로나 때문에 언택트라는 비즈니스 모델이 각광을 받기 시작했고 유동성까지 풍족한 상황에서 이들의 주가가 환영을 받고 있는 것일까요? 단지 코로나 때문에? 물론 이 부분을 무시하고 싶은 생각은 없지만 저는 이런 해석이 전부라고 생각하지는 않습니다.

코로나 이후 각광을 받은 전 세계적인 성장주와 언택트주들이 과연 코로나 발생 이후에 본격적으로 주목받았을까요? 아닙니다. 정말 아닙니다. 이들은 이미 2017년부터 전 세계 증시의 주도주로서 이미 작용하고 있었던 종목들입니다. 'FAANG*'이나 'MAGA**'라는 이름이 코로나 이후에 생겨난 것은 아니지 않습니까?

저는 이번 시장 사이클은 최소 2016년부터 시작된 아주 오래된 장기간의 상승 사이클이 이어지고 있는 상황이라고 생각합니다. 그리고 그 안에서 우리 시장 역시 동일한 사이클과 콘셉트 하에서 움직이고 있다고 보고 있습니다. 최소한 2016년부터 지금까지 전 세계 주식시장을 관통하고 있는 상승의 개념, 주도주의 콘셉트는 바로 '4차 산업혁명'입니다. 그리고 이를 조금 더 세분화해서 볼 때 가장 직접적이고 빠른 성장을 보인 것은 '데이터 경제'입니다.

* 미국의 대표 기술주 기업인 Facebook, Apple, Amazon, Netflix, Google들을 통칭하는 신조어

** 'FAANG'에서 Facebook과 Netflix를 빼고 Microsoft를 추가하여 Apple, Google, Amazon과 함께 만든 신조어

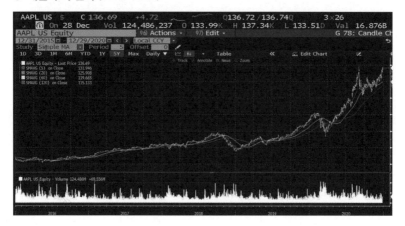

● 2016년부터의 주도주 핵심은 4차 산업혁명과 데이터 경제 ●

주도주는 단순히 당시 가장 높은 상승률을 보인 주식이 아닙니다. 새로운 수요에 따른 경제 성장 그리고 이 새로운 수요에 대해 가장 밀접한 연관을 갖는 혹은 그 수요에 가장 큰 수혜를 받는 기업이나 산업들이 바로 주도주 혹은 주도 섹터인 것이죠. 중국이라는 대형 국가의 성장 이후 전 세계적으로 새로운 수요처의 발생은 없었습니다. 대신 전 세계 인류는 새로운 것에 대한 수요를 만들어 냈는데 이것이 바로 '데이터'입니다.

● 삼성전자 주가 변화(2015~2019)

데이터에 대한 수요가 급증하면서 (개인이건 기업이건) 이 데이터를 활용한 기술의 발전이 증시에서도 본격화된 것이 바로 2016년부터입니다. 이세돌과 알파고의 세기의 대결이 던진 충격파를 저는 아직도 생생히 기억합니다. 그것은 그 이전까지 과연 컴퓨터가 인간의 뇌를 이길 수 있는가에 회의적이었던 모든 세간의 시선들이 무너진 전대미문의 사건이었습니다. 덕분에 그때부터 인공지능이나 머신러닝 같은 단어들이 일반 시사 상식이 되어 버렸죠. 이세돌과 알파고의 대결이 전 세계적으로 데이터 경제를 본격화시켰다고 확인할 근거는 없지만 그 시점부터 글로벌 증시의 중심에 데이터 경제 관련주들이 자리 잡기 시작한 것은 분명합니다.

우리나라 역시 이 데이터 경제의 발달에 고스란히 긍정적인 영향을 받은 적이 있습니다. 그것은 2017년 삼성전자와 하이닉스의 랠리였습니다. 2017년은 데이터 경제가 본격적으로 글로벌 선진 기업을 중심으로 확장되는 시기였고 소위 데이터 센터라는 것이 급속도로 성장하기 시작한 시기였습니다. 특히 아마존의 AWS, 마이크로소프트의 AZURE와 같은 하이퍼 스케일 데이터 센터(hyperscale data centers)*가 급성장하면서 반도체를 급속도로 소모하기 시작했습니다.

당시 데이터 센터의 전용 반도체 수요는 실로 엄청난 것이었습니다. 반대로 메모리 반도체 메이커들의 공급 규모는 이 수요를 따라가지 못했습니다. 2017~2018년 삼성전자의 반도체 사업부 영업 이익률이 무려 60%를 넘었던 것으로 기억하는데요. 아무리 반도체이지만 그래도 제조업인데 영업 이익률이 60%라는 것은 정말이지 불가능한 영역의 것입니다. 때문에 아이러니하게도 주가는 2017년 10월을 기점으로 하락하기 시작합니다.

이때는 모두 난리가 났습니다. 실적이 너무 좋으니까 밸류에이션상 너무 저렴한 것이 아니냐는 의견도 있었는데 일견

> * 통상 10만 대 이상 서버를 구축·운영하고 있는 대규모 데이터 센터. 경기도 판교 데이터 센터의 4배 이상 규모이다.

맞는 말이었습니다. 하지만 저는 속으로 생각했습니다. '제조업인데 영업 이익률이 60% 넘는 것도 이상한 것이고, 그러니 실적이 나빠지는 것은 너무나 당연한 것 아닌가. 당연히 반도체 공급이 늘면서 반도체 가격이 하락할 테니…'라고 말입니다.

결국 삼성전자는 2017~2018년의 실적을 아직도 깨지 못하고 있습니다. 당시 2017년 증시 상승의 이유를 반도체 슈퍼 사이클에 따른 증시 상승으로 많이들 해석합니다. 그런데 이것은 제 기준으로 절반만 맞는 이야기일 뿐 핵심을 벗어난 결과론적 설명에 불과합니다. 반도체 슈퍼 사이클인 것은 맞지만, 반도체 슈퍼 사이클인지 아닌지가 아니라 왜 반도체 슈퍼 사이클이 왔는가가 더 중요한 문제가 아닐까요? 결국 2017년 우리나라 반도체 슈퍼 사이클에 따른 증시 상승세는 글로벌 데이터 경제의 발달이라는 기본적인 축 안에서 설명되는 현상이라고 봐야 할 것입니다(데이터 수요 급증과 데이터 센터의 급성장 그리고 이에 따른 반도체 수요 급증).

우리나라 지수에서 삼성전자와 하이닉스가 차지하는 비중은 지나치게 높은 편입니다. 그래서 이들이 부진할 때 이들을 뛰어넘는 주식이 나타나지 않으면 자연스럽게 우리 시장의 지수도 부진하게 됩니다. 2017년 이후 삼성전자와 하이닉스의 조정과 함께 우리 시장은 마치 하나의 사이클이 끝난 것처럼 보였지만 사실은 아니라고 볼 수 있습니다. 우리 증시는 부진했지만 글로벌 증시는 꾸준히 4차 산업혁명 특히 데이터 경제를 중심으로 주도주를 형성하고 주가의 상승을 보이고 있습니다.

대만의 TSMC라는 회사가 있습니다. 비메모리 파운드리 관련 분야를 대표하는 대만의 삼성전자라 할 수 있는 기업입니다. 그런데 사실 파운드리란 게 쉽게 설명하자면 만들어 달라는 대로 만들어 주는 사업이기 때문에 돈을 많이 벌기는 하지만 그렇게 가치를 높게 부여할 만한 사업은 아니었습니다. 그래서 삼성전자가 TSMC보다 항상 우위에 있다고 보는 것이 정설이기도 했죠. 그런데 2018년부터 지금까지 삼성전자와 TSMC의 시가 총액이 역전되는 현상이 나타나고 말았습니다. 왜 이런 일이 벌어졌을까요? 다양한 해석이 가능하겠지만 결국 데이터 경제의 발전과 함께 메모리 반도체보다는 다양한 비메모리 반도체의 급격한 성장이 있었기 때문입니다. 삼성전자는 2017년 랠리 이후 거의 3년 동안 횡보 정체를 보였지만 TSMC는 보다 강한 우상향 랠리를 보였습니다.

결국 우리 시장은 2017년 데이터 경제 산업 발전의 영향으로 삼성전자와 하이닉스의 급등세 이후 메모리 산업 자체의 비이성적 과열

● **MSFT 주가 변화(2016-2020)**

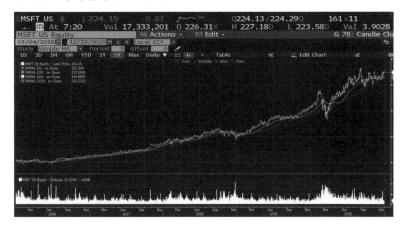

을 해소하는 조정을 거치는 가운데 데이터 경제와 직간접적으로 연관된 기업이 우리 시장에서 제한적임에 따라 2017년 랠리 이후 한동안 소강 상태를 보였습니다. 하지만 이는 우리 시장만의 흐름일 뿐 글로벌 주식시장은 4차 산업혁명이라는 이름으로 혹은 데이터 경제라는 개념의 시장 상승이 이어져 왔다는 것이 제 생각입니다. 좀 더 쉽게 말해 우리 시장에서 글로벌 증시 상승 콘셉트, 주도주 콘셉트에 적합한 종목이 없었기 때문에 우리 증시가 상승하지 못하고 우리 시장이 부진한 것이었습니다.

코로나 쇼크 이후 글로벌 기존 주도주는 더 각광을 받기 시작했습니다. 금리가 더 내려가면서 이들에게 더 유리한 환경이 제공되었고 이들의 비즈니스 모델 중 상당 부분이 언택트에 기반한 부분이 절대적으로 많았기 때문입니다. 우리 시장 역시 이 즈음부터 우리나라 내수를 기반으로 하는 데이터 경제 관련 기업들이 주목받기 시작했습니다. 그동안 없었던 글로벌 4차 산업혁명 관련 랠리, 데이터 경제 발전 랠리 하에서 우리 시장에서도 자체적인 주도주가 뒤늦게 나타나기 시작한 것으로 볼 수 있습니다. 이는 아마도 이전까지 글로벌 시장 대비 작은 내수 시장으로 인한 한계, 자본력과 기술력의 한계로 데이터 경제의 중심으로 크게 주목받지 못하다가 코로나 발생으로 이들의 언택트적 요소가 갑자기 부각되면서 나타난 현상인 것으로 보입니다.

● 새로운 변화에 대응하는 법 ●

다시 한번 말하지만 2020년은 정말이지 다사다난한 해였습니다. 데이터 경제를 중심으로 한참 날개를 펴던 전 세계 증시는 코로나라는 질병으로 마치 세상이 끝날 것처럼 보였지만 보란 듯이 다시 일어

섰고, 그 중심에는 언택트라는 이름으로 변신한 4차 산업혁명 혹은 데이터 경제와 관련한 주식들이 자리 잡고 있습니다. 즉 2016년부터 시작된 새로운 수요(데이터) 발생에 따른 글로벌 증시 랠리가 코로나를 통해서 더 증폭되는 상황으로 볼 수 있습니다.

2020년 하반기, 코로나 백신 개발이 상당히 유효한 결과를 거뒀다는 보도가 있었는데요. 그 시점부터 글로벌 증시는 단기간에 확 바뀌는 모습입니다. 코로나 팬데믹 이후 글로벌 증시는 완전한 양극화의 길을 걸었습니다. 가치주 vs 성장주, 컨택트 vs 언택트의 구도에서 성장주와 언택트주가 완벽하게 승리한 시기였습니다. 그런데 백신이 개발되면서 그동안 닫혔던 경제 활동의 정상화를 기대할 수 있게 되었습니다. 이제 그간 양극화 구도에서 부진의 늪에 빠져 있었던 산업과 종목들이 기지개를 펼 차례입니다.

금리가 반등하기 시작했고, 금리 스프레드(spread)*도 상승 전환하기 시작했습니다. 본격적인 경기 회복을 기대하기 시작했다는 뜻입니다. 증시에서도 그동안 소외받았던 경기 민감 업종(cyclical)의 강세가 나타나기 시작했습니다. 은행주가 오르기 시작했고, 소재, 산업재 주식들 역시 상승하기 시작했습니다. 위험 자산에 대

* 금리 간의 차이. 기준금리와 대출금리, 서로 다른 채권의 금리 차이 등을 의미한다.

한 선호가 더 강해지면서 달러의 약세가 이어졌고 덕분에 우리 증시와 같은 이머징 마켓의 강세가 상대적으로 더 강하게 나타나기 시작하고 있습니다. 단순한 경기 민감 업종의 상승뿐 아니라 코로나로 가장 악영향을 심각하게 받은 서비스 업종도 기지개를 펴고 있습니다. 유럽 증시가 일시에 급등한 것도 이 때문인데요. 백신 개발 덕분에 증시는 K자형 경제 상황에서 아래로 내려가던 업종의 회복이 나타나기 시작한 것입니다.

그런데 이는 단순히 경제 활동의 정상화에 대한 기대감에 의한 것만은 아닙니다. 팬데믹 상황을 거치면서 제조업들의 생산은 축소되었습니다. 서비스에 대한 소비는 축소되었지만 반대로 재화에 대한 소비는 각국 정부의 지원책 덕분에 일정 수준으로 유지되었습니다. 따라서 전체적으로 보면 기업들의 재고가 감소하는 상황이 발생했습니다. 생산은 축소되고 소비는 유지됨에 따라 리스토킹(Re-stocking)* 사이클을 기대할 수 있게

* 재고재축적. 기업이 경기 변동에 대응해 적정 수준의 재고를 유지하기 위해 원자재나 제품의 재고를 늘리거나 줄이는 것을 '재고 조정(Inventory adjustment)'이라 하는데 일반적으로 경기가 상승기일 경우 재고 부족이 나타나기 쉬우므로 기업은 설비 투자를 하면서 수요 증대에 앞서 재고를 보충한다. 2008년 4분기부터 2009년 1분기까지 글로벌 금융위기 시기에 대공황에 대한 우려 등으로 기업들이 유례없이 신속하게 재고 조정에 돌입함에 따라 실물 경기가 빠르게 냉각되었고, 이후 금융시장 안정과 더불어 2~3분기에 걸쳐 재고의 재축적(restocking)이 다시 진행되면서 경기가 빠르게 반등한 바 있다.

된 것입니다. 이 리스토킹 사이클에서 우리 증시는 글로벌 증시 중 가장 큰 수혜를 받고 있는 중입니다. 우리 시장의 시총 1, 2위가 바로 반도체 업종이기 때문입니다. 반도체 중 메모리 반도체는 원자재 (commodity)**의 성격을 가지고 있는 제품입니다. 그래서 이런 리스토킹 사이클이 되면 반도체는 가장 퍼포먼스가 좋아집니다. 삼성전자와 하이닉스뿐 아니라 미국 증시에도 메모리 반도체 업종과 반도체 장비 업종이 반도체 지수의 상승을 이끌고 있습니다. 지난 2년간 비메모리 반도체 업종이 메모리 업종과 장비 업종을 압도했던 것과 다르게 말입니다.

반대로 그동안 시장의 상승을 이끌어 왔던 언택트주와 성장주 영역은 상대적으로 부진한 주가를 형성 중입니다. 다만 이들의 상대적인 약세가 하락은 아니라는 점에 주목하고 싶습니다. 이들의 주가 추세가 우상향에서 단기/중기적으로 보면 횡보로 전환된 것은 맞지만 이들의 전체 상승 추세가 바뀐 것으로 보이지는 않습니다. 상승의 과정에서 언제든 나타날 수 있는 횡보 정체 상태인 것이죠. 이것을 간과하지 마시기 바랍니다.

** '원자재'를 의미하며 제4의 금융자산이라 불릴 만큼 그 중요도가 높아졌다.

이 모든 것들이 의미하는 것은 무엇일까요? 백신의 개발과 함께 지금 시장이 보여 주는 것처럼 완전한 주도주의 변화가 나타나고 있는 것일까요?

제 생각은 반대입니다. 우선 하나의 사이클에는 하나의 주도주 영역이 존재하는 것이 맞습니다. "시장은 초기 유동성 장세에서 실적 장세로 넘어가는 것이기 때문에 주도주가 바뀌는 것 아닌가?"라고 말할 수도 있겠습니다. 하지만 그것은 특별한 수요의 변화가 없는 순환적인 경기 사이클상에서의 시장에서나 가능한 이야기입니다. 그리고 이런 순환적 경기 상승의 경우 21세기 증시는 이에 대해서 별다른 반응을 하지 않습니다. 왜냐하면 시장에 대한 정보가 예전보다 훨씬 더 잘 공개되어 있고 이 정보의 전파 속도 또한 빠르기 때문입니다. 유동성 장세, 실적 장세, 역실적 장세와 같이 증시를 구분하는 해석법은 이제 과거의 방식으로 주도주를 보는 혜안을 가릴 뿐입니다.

이야기한 대로 현재 시장은 여전히 4차 산업혁명의 전개 과정에서 발생하는 새로운 수요(주로 데이터 경제, 전기차도 마찬가지)에 의해 발생된 증시 상승 과정에 놓여 있습니다. 다만 단기적으로 코로나로 인해 경기의 흔들림이 나타나면서 양극화라는 K자형 경기 상황이 심화되었고 이에 대해 언제든 나타날 수 있는 반작용이 드러나고 있을 뿐입니다. 제가 2020년 10월부터 현재까지의 국면을 '평균 회귀(mean reversion)' 상황이라고 표현하는 이유입니다. 지금 글로벌 주식시장은 백신 개발 덕분에 평균 회귀의 구간에 놓여 있고 그 안에서 우리 시장이 조금 더 돋보이고 있는 것입니다. 저는 결코 시장 자체가 바뀐 것으로 보지 않습니다.

지난밤에도 이런 평균 회귀의 상황에서 충분히 해석 가능한 글로벌 증시의 동향이 나타났습니다. 금리는 상승 기조이고 달러는 약세이며 원자재는 오름세입니다. 증시 역시 경기 민감 영역의 강세가 나타나고 있고 데이터 경제 관련 종목들은 상대적으로 약세의 흐름을 보이고 있습니다. 이번에는 백신 개발이라는 비교적 강한 평균 회귀의 모멘텀이 있었기 때문에 평균 회귀는 보통 무시하는 편이지만 저도 이번에는 대응했습니다. 단 경기 민감 영역의 주식들을 직접 주식 포트폴리오에 담고 싶지는 않았습니다. 대신 이들은 항상 시총 비중이 높은 주식들이므로 포트폴리오 내 지수의 비중을 올려놓았습니다. 미국 포트폴리오 역시 마찬가지입니다. 포트폴리오 내 S&P500 지수의 비중을 올려놓았고 가장 충격이 심했던 유럽 주요국 증시 지수 ETF도 편입했습니다. 저는 딱 이 정도로만 대응했습니다. 덕분에 최근 시장의 상승 상황에서 나름 만족할 만한 수익률을 거둘 수 있었습니다. 다만 지금 강한 종목군들을 주식 포트폴리오에 담고 싶지는 않습니다. 왜냐하면 현재의 평균 회귀가 종료되면 경기 민감주들의 변동성은 감당하기 싫을 정도로 커질 수 있기 때문입니다. 그래서 조금 수익률이 덜하더라도 지수에서 수익이 나는 방법을 선택하고 있는 중입니다.

아직도 시장은 이런 평균 회귀 측면에서 유지되고 있고 따라서 먼저 움직일 이유는 없습니다. 평균 회귀 현상이 축소되거나 사라지기 시작하면 그때 바꾸면 됩니다. 지수의 비중을 줄이고 기존 데이터 경제 관련주 혹은 4차 산업혁명 관련주를 다시 크게 늘리면 될 것이라 생각합니다.

많은 사람들이 2021년의 증시는 어떻게 될지 물어보곤 합니다. 그러나 저는 가능하지 않은 전망 대신 시장이 지금 우리에게 어떤 이야기를 들려주고 있는지 매일 확인하고 있습니다. 그리고 시장이 지금까지 해 준 이야기를 들어 보면, 앞으로도 시장은 그다지 나쁠 것 같지 않습니다. 평균 회귀가 진행된 덕분에 지난 몇 년간 글로벌 증시를 이끌어 온 주도주들이 편안히 잘 쉬고 있기 때문입니다. 지금 이들이 아래로 하락하고 있는 것이 아니라 옆으로 잘 쉬고 있기 때문에, 이들의 실질 중장기 추세는 여전히 훼손 없이 유지되고 있기 때문에, 그래서 2021년에도 여전히 좋을 것 같다고 생각합니다. 간단합니다. 주도주가 쉬고 있지만 여전히 살아 있기 때문입니다.

그러면 언제 시장이 무너지게 될까요? 그것은 알 수 없습니다. 단 주도주가 더 이상 오를 수 없다면, 주도주의 추세가 변곡점을 보이고 무너지게 되면 아마 시장은 새로운 주도주를 찾는 것이 아니라 더 이상 오르지 못하고 무너지거나 상승 기조를 끝낼 것입니다. 때문에 '언제 시장이 무너질까?'라는 질문은 애초에 성립하지 않는, 틀린 질문입니다. 궁금해할 필요도 없습니다. 상황에 맞게 대응만 잘하면 되기 때문입니다. 시장 전망에 그다지 재주가 없는 제가 지금까지도 꽤 괜찮은 수익률을 보이며 현업에서 뛰고 있는 것이 그것을 증명하고 있지 않습니까?

증시의 많은 분석가들이 현재의 글로벌 플랫폼 기업들의 위험 요인으로 '규제' 리스크를 이야기하고 있습니다. 그런데 저는 이 역시도 동의하지 않습니다. 증시를 분석하는 상당히 높은 비중은 과거에 기반을 둔 전망으로 '과거에 이랬기 때문에 앞으로 이럴 것이다'라는 분석이 대다수입니다. 물론 역사는 반복된다는 측면에서 무시할 수 없는 방법입니다. 하지만 과거에 이렇게 되었으니 앞으로도 이럴 것이다라는 것 자체도 하나의 가능성일 뿐이지 않을까요? 이런 측면에서 저는 현재 글로벌 플랫폼 기업의 위험 요인을 규제로 보는 것에도 동의하지 않습니다. 현재 글로벌 플랫폼 기업의 위험을 규제로 보는 이유는 지난 2000년 IT 버블이 무너지기 시작한 트리거가 '규제'였기 때문입니다. 현재 금리의 동향을 글로벌 플랫폼 기업의 큰 위험으로 많이 이야기하지 않는 이유도 마찬가지입니다. 현재 테크 기업의 주가 상승과 가장 유사한 형태가 지난 2000년 IT 버블 시기인데 그때 미국 연준이 금리를 1년 이상 계속 올렸음에도 당시 IT 주식들의 랠리는 유지되었기 때문입니다. 그래서 현재의 분석은 금리보다는 규제가 더 큰 위험인 것처럼 이야기하고 있는 것입니다. 과연 그렇게 될까요?

투자가들에게 하나의 이정표 역할을 해야 하는 분석가들이라면 이런 류의 분석을 해야 합니다. 틀린 결론의 분석일지라도 분석의 논리만 맞다면 투자가들에게는 중요한 시금석이 될 수 있기 때문입니다. 하지만 저 같은 투자가가 그런 것을 전망해야 할까요? 그렇지 않습니다. 차라리 매일매일 현재 주도주의 추세가 어떻게 시시각각 변하고 있는지 살피는 것이 훨씬 가치 있는 일입니다. 그래서 저는 앞으로도 매일매일 시장이 하는 이야기에 귀를 기울이려 합니다. 평범한 일상 속에서 주식을 통해 밝은 미래를 꿈꾸고 있는 독자 여러분도 시장의 이야기에 좀 더 귀를 기울여 보시기를 권합니다.

마지막으로 한 말씀 더 드린다면 이번 글로벌 증시 상승 사이클의 주도주는 성장주이고 4차 산업혁명 관련주 혹은 데이터 경제 관련주입니다.

부록

주린이 탈출을 위한 경제지표 해설 12선

주식 투자를 하는 데 있어 경제지표는 두말할 나위 없이 중요합니다. 주식시장이란 것이 기업들의 경제활동에 대한 성과를 가장 잘 나타내는 것이기 때문입니다. 하지만 실제 투자의 세계에서 경제지표를 적극적으로 이용하는 경우는 많지 않은 것 같습니다. 특히 일반 아마추어 개인 투자가라면 더더욱 그러합니다. 이해하기 쉽지 않은 내용도 많고 경제지표에 대한 즉각적인 주가 반응 역시 크지 않기 때문입니다.

경제지표는 주가에 즉각적인 영향을 주지 않습니다. 왜냐하면 대부분 이미 주가가 훑고 지나간 과거에 대한 확인이고 설명이기 때문입니다. 주가는 미래를 반영하는 데 대부분의 경제지표는 지나 온 과거에 대한 설명입니다. 그러나 과거에 대한 설명을 통해 현재 세상을 잘 이야기해 주는 것이 바로 경제지표입니다. 그리고 이를 통해서 우리는 투자의 의사결정에서 가장 중요한 자산 배분의 의사결정에 큰 도움을 받을 수 있습니다. 주도주가 어디에 있는지 그래서 포트폴리오를 어떻게 구성해야 하는지에 대한 힌트도 얻을 수 있습니다.

그러니 경제지표를 잘 이해하고 이것을 어떻게 이용할 것인지 각 경제지표별로 정리해 두는 작업이 꼭 필요하지 않을까 합니다. 여기에서는 제가 투자를 하면서 한번은 생각해 봐야 한다고 보는 몇 개의 경제지표들을 추렸습니다. 이것들의 일반적인 의미와 어떻게 이용하면 좋을지에 대해 저의 노하우를 중심으로 말씀드리겠습니다.

1 | GDP(국내 총생산)

정의 및 의미

GDP: C(기업 지출) + I(개인 지출) + G(정부 지출) +X(수출) −M(수입)

GDP(국내 총생산)는 경제활동에 대한 가장 종합적인 지표입니다. 즉 한 나라의 모든 경제 주체들이 일정 기간 동안 노동과 자본을 투입해 산출한 재화와 용역의 총가치를 의미합니다. 가장 종합적인 지표이기 때문에 결국 주가지수는 GDP의 동향에 수렴한다고 알려져 있습니다.

활용

우리가 통계청을 찾아가 GDP 보고서를 직접 읽을 필요는 없습니다. 하지만 여러분이 거래하는 증권사 소속 이코노미스트들은 늘 GDP가 발표되면 이에 대한 깔끔한 분석 자료를 내놓기 때문에 이를 읽으면 되겠습니다. 단, 실제 주식시장에 큰 도움이 되지는 않습니다. 왜냐하면 주식시장과 결국 일치하는 방향이 GDP 동향이지만 가장 전형적인 후행지표이기 때문입니다. 따라서 중요한 지표이긴 하지만 사실 확인지표 정도로만 이해해도 큰 문제는 없겠습니다. 우리나라의 경우 수출국가이기 때문에 우리나라 GDP뿐 아니라 미국이나 중국의 GDP 동향 역시 중요합니다. 그러므로 확인지표로 사용하면 되겠습니다.

2 | 수출입 통계

정의 및 의미

매월 말 수출입 동향이 발표되고 매월 20일경에 잠정치가 발표됩니다. 수출입 동향은 말 그대로 그 월의 수입과 수출에 관한 종합적인 통계 자료입니다. 수출과 수입의 경우 산업별 수출입 통계가 발표되어 보다 미시적인 통계를 제시해 줍니다. 매월 영업일수와 수출입 통관일수의 변화가 있습니다. 그러므로 일평균 금액을 조정한 통계치가 보다 유의미하며 계절성이 있기 때문에 전월비(MoM)보다는 전년비(YOY)가 중요합니다.

활용

앞으로 말씀드릴 모든 경제지표는 굳이 그 통계치를 우리가 찾아갈 필요 없습니다. 마찬가지로 거래하는 증권사의 이코노미스트가 잘 정리해 주는 자료만 시간 내서 읽으면 됩니다. 수출입 동향 역시 주식시장에 대한 선행성이 강한 경제지표는 아닙니다. 다만 이후에 발표되는 기업 실적에 대한 대략적인 예측을 가능하게 하는 경제지표입니다.

예를 들어 이번 수출입 동향에서 가전 부문의 수출 실적이 지난 월에 이어 연속으로 개선되었다고 발표된다면 이번 분기 국내 가전 기업들의 실적이 긍정적일 것을 예상할 수 있는 것입니다. 다만 국내 증시의 주도주가 조선업이나 건설업과 같은 수주 산업을 중심으로 형성되면 수출입 통계가 크게 영향을 주지 않습니다. 수주 산업의 경우 주가가 수주 시점에 반응하는데 수주 시점과 실제 매출 인식의 시점이 큰 시차를 가지기 때문입니다.

3 | ISM 제조업/비제조업 지수(PMI 제조업/서비스업 지수)

정의 및 의미

앞서 말씀드린 대로 대부분의 경제지표는 후행적인 성격을 가지고 있어서 투자에 큰 도움이 되지 못합니다. 하지만 경기에 대해 선행성을 가지고 있는 지표가 있는데, 이것이 바로 ISM 지수와 PMI 지수입니다. 각 기업의 구매자들을 대상으로 한 설문조사 지수이기 때문입니다. 경제지표 중 선행성을 가지고 있는 경제지표라는 점에서 주식시장에 가장 영향력이 높은 지수라 할 수 있습니다. 따라서 이 지수는 꼭 이해하셨으면 좋겠습니다.

ISM 지수와 PMI 지수의 차이는 조사 기관의 차이입니다. 미국의 ISM이라는 기관에서 미국 내 지수만 따로 조사해 발표하는 것이며, 다른 국가는 PMI라는 지수로 통일되어 있습니다. 그러므로 같은 의미의 지수로 이해하시면 되겠습니다.

제조업 지수는 매월 첫 번째 영업일에 발표되고 비제조업 지수 혹은 서비스업 지수는 매월 세 번째 영업일에 발표됩니다. 바로바로 각 증권가 이코노미스트가 해석본을 내놓으니 이 지수는 꼭 참조하셨으면 좋겠습니다.

ISM 지수와 PMI 지수는 각 기업들의 구매 및 공급 담당자들에게 신규 주문, 생산, 고용, 재고, 인도에 관해 전월 대비 변화 여부를 묻고 이를 각 요소에 증가 사항이 있다고 대답한 사람에 변화가 없다고 대답한 기업의 절반을 더해 백분율로 환산한 값입니다. 통상적으로 50 이상이면 경기 확장 국면으로 50 이하이면 경기 위축 국면으로 이해하면 됩니다.

활용

말씀드린 대로 경제지표 중에 몇 안 되는 선행성 지표이기 때문에 항상 예의 주시하실 필요가 있습니다. 우리나라의 경우 미국 ISM 지수뿐 아니라 중국의 PMI 지수 역시 중요한 지수입니다.

통상적으로 50 이상을 경기 확장 국면이라 보고 50 이상 여부를 중요하게 여기는 편이지만 이는 전월 대비 증감을 묻는 설문조사 지수입니다. 그래서 저는 50 이상 여부보다 실제의 방향성이 더 중요하다고 생각합니다. 50 이하라 할지라도 최근의 부진을 극복하는 수치의 반전이 나타난다면 증시는 대부분의 경우 긍정적으로 반응하게 마련입니다.

세부 항목으로 보면 가장 높은 비중을 가지고 있는 신규 주문 지수가 가장 중요하고 재고 지수 역시 중요합니다. 재고의 경우 이후 기업 생산 활동을 가늠할 수 있기 때문입니다. 중요한 지표이니 만큼 뉴스로 확인하지 마시고 거래하는 각 증권사 이코노미스트가 분석한 자료를 꼭 탐독하셨으면 좋겠습니다.

4 | 시카고 PMI, 뉴욕, 엠파이어 스테이트 지수

정의 및 의미

한 번쯤은 들으셨을 지수들입니다. 특별한 지수가 아니라 각 지역들의 PMI 지수를 말합니다. 그러므로 ISM 지수의 하부 지수로 이해하면 됩니다. 당연히 ISM 지수나 PMI 지수에 비해서는 중요도가 떨어집니다. 하지만 월 중에 발표하기 때문에 ISM 지수를 선행해서 보여 주는 것에 의미가 있다 하겠습니다.

활용

각 지역 세부 지수라서 시장에 큰 영향을 주지는 않습니다. 그리고 각 지역 지수이기 때문에 ISM 지수보다는 월별 변동 폭이 크게 나타나는 지수입니다. 따라서 가짜 뉴스에 활용될 여지가 많습니다. 전일 밤 미국 증시가 뉴욕 엠파이어 스테이트 지수의 개선과 함께 강한 상승을 보였다라는 기사를 쉽게 볼 수 있는데 이런 기사는 가짜 뉴스인 경우가 많습니다. 그만큼 영향력이 발휘되는 지수는 아닙니다.

정의 및 의미

고용지표는 주식시장에 매우 중요한 영향력을 미치는 경제지표입니다. 주식시장에 높은 영향력을 가지는 가장 큰 이유는 이 고용지표가 각국 중앙은행의 정책 금리 결정에 있어 가장 중요한 판단 기준이 되기 때문입니다. 중앙은행은 고용 상황을 보고 통화 정책을 결정하고 이렇게 결정된 정책금리는 주식시장 가치 측정의 할인율로 작용하는 구조입니다.

고용지표 중 가장 중요한 지표는 실업률과 비농업 부문 고용(nonfarm payroll)입니다. 실업률은 말 그대로 만 15세 이상 인구 중에 노동할 의지와 능력이 있지만 일자리가 없어서 실업 상태에 놓인 사람들의 비율을 말합니다. 비농업 부문 고용은 말 그대로 신규 취업자 중 비농업 부문의 신규 취업자 수를 말합니다. 보통 주식시장의 경우 실업률보다는 비농업 부문 고용에 보다 민감하게 반응합니다. 왜냐하면 실업률은 월별 변화폭이 아주 미세한 반면 비농업 부문의 경우 편차가 크게 나타나 추이를 쉽게 인식할 수 있기 때문입니다.

이외에도 개인 소득 변화를 측정하는 지표로 활용되는 시간당 평균 임금이나 피고용자 수와 근로시간 변화를 집약적으로 보여주는 총 근로 시간도 눈여겨볼 지표입니다.

활용

매월 첫 번째 금요일에 발표되는 고용지표는 금리에 매우 민감한 지표라는 점에서 주식시장에 대한 영향력이 항상 높습니다. 하지만 보다 먼저 미래를 반영하고자 하는 주식시장의 경우 매월 발표되는 고용지표보다는 매주 발표되는 주간 실업수당 청구 건수 추이에 더 민감하게 움직입니다. 그래서 가끔은 영향력이 축소되기도 합니다.

또는 지난 몇 년 전처럼 경기 자체가 안정 성장인 골디락스를 보일 때에는 중앙은행의 통화 정책 변화가 크지 않아 고용지표의 주식시장 영향력이 떨어지기도 합니다. 다만 현재처럼 경기 변동성이 큰 경우, 그리고 중앙은행의 통화 정책이 주식시장에 중요한 시점에서는 당연히 매우 중요하게 여겨지는 지표라 할 수 있습니다.

이 지표 역시 뉴스로 보지 마시고 꼭 이코노미스트의 분석 자료를 탐독하시기 바랍니다. 저는 이런 지표가 발표될 때마다 이런 경제지표 추이 자료를 잘 설명해 주는 유튜브 채널이 인기를 얻었으면 좋겠다고 생각합니다.

6 | 주간 신규 실업수당 청구 건수(Initial Jobless Claims)

정의 및 의미

주간 신규 실업수당 청구 건수는 말 그대로 매주 새롭게 실업수당을 청구한 사람의 숫자를 표시합니다. 신규 취업자 수가 아니라 실업수당을 청구한 사람의 숫자이기 때문에 낮을수록 고용 상황이 좋다고 하겠습니다. 매주 목요일 발표되는 지표로 항상 즉각적이고 선행적인 반응을 좋아하는 주식시장 속성상 때로는 고용지표보다 더 큰 영향력을 발휘하는 지표이기도 합니다. 오직 한 가지 지표만 참고할 수 있다고 가정했을 때 가장 많이 선택되는 지표 중 하나로 평가되는 중요한 지표입니다.

활용

이 지표의 단점이 하나 있다면 주간 발표 자료이다 보니 수치의 변동 폭이 다른 지표에 비해서 크게 나타난다는 점입니다. 특히 미국의 경우 허리케인과 같은 자연재해 때문에 이 지표가 1~2주 급격하게 흔들리는 경우도 다반사로 나타납니다. 그러므로 주간 단위 수치의 추이도 중요하지만 4주 이동 평균으로 바꿔서 보는 경우가 많습니다. 앞서 본문에서 경제지표 역시 추세의 관점에서 볼 필요가 있다고 말씀드렸습니다. 주간 실업수당 청구 건수 역시 추세의 관점에서 꼭 바라봐야 할

지표이기 때문에 이코노미스트의 해석 자료를 꼭 참고하시면 좋을 것 같습니다. 각 이코노미스트들은 친절하게도 항상 추이 그래프를 제공해 줍니다.

7 | 소비자 신뢰 지수(컨퍼런스 보드), 미시건대 소비자 심리 지수

정의 및 의의

소비자 신뢰 지수(컨퍼런스 보드)란 민간 경제 조사기관이 경기와 구매 계획을 포함한 다양한 사안과 소비자의 신뢰 수준, 소비 심리를 측정한 지수입니다. 특히 컨퍼런스 보드의 자료는 소비자 신뢰 수준에 관한 다른 어떤 자료보다도 노동 시장의 여건과 더욱 밀접한 관련을 보이는 경향이 있습니다.

미시건대가 직접 조사하는 미시건대 소비자 심리 지수는 소비자 신뢰 수준은 물론 개인의 재정, 구매 여건, 기대 인플레이션에 대한 소비자 심리를 반영하는 지수입니다. 미 연준도 이 지수에서 기대 인플레이션에 관한 항목을 예의 주시한다고 알려져 있습니다.

활용

두 지수 다 유사한 지수입니다. 무엇보다 의미 있는 것은 설문조사 지수이기 때문에 미래를 선반영하는 요소가 높다라는 점입니다. 두 지수 모두에서 가장 중요한 지수는 '현재 상황에 대한 평가 지수'입니다. 소비자의 입장에서 보면 미래에 대한 기대보다는 소비할 수 있는 돈이 현재 얼마나 있는지가 더 중요하기 때문입니다. 이 지수는 뉴스만 읽으셔도 좋으니 현재 상황 지수를 중심으로 관심 있게 보셨으면 좋겠습니다.

8 | PPI(생산자 물가 지수)

정의 및 의의

생산자 물가 지수는 국내 생산자가 생산한 재화의 대가로 받은 가격의 변화를 측정하는 지수입니다. 기본적으로 제조업체가 제품을 만드는 데 투입하는 상품, 부품, 원재료 가격을 추적하며 따라서 제조업 부문과 상품 가격의 변동을 파악하는 데 훌륭한 척도가 됩니다.

활용

물가지표이기 때문에 후행적인 가격 동향입니다. 그래서 주식시장은 이보다는 더 동행적인 원유, 구리 등의 원자재 가격에 훨씬 더 민감한 반응을 보입니다. 다만 이 지표가 주식시장에 가지는 중요한 의미가 있는데, 이는 PPI가 제조업 기업 특히 소재, 산업재 등 중간재 기업들의 평균 제품 가격을 의미한다는 점입니다.

주식시장은 소비재를 판매하는 기업만큼이나 중간재를 판매하는 기업들이 다수 포진하고 있습니다. 그래서 PPI는 이 중간재 기업들의 평균 제품 가격의 추이를 보여 주는 지표로 활용될 수 있습니다. 제 경험으로는 PPI가 이후 설명할 CPI보다 훨씬 더 주식시장에 큰 영향력을 가지고 있다고 생각합니다. 특히 증시가 제조업 생산 사이클에 큰 영향을 받고 있는 상황이라면 이 PPI는 증시에 훌륭한 동행 및 선행지표가 될 것입니다.

증시 분석 기사에 Reflation trading이라는 언급이 많은 상황이라면 PPI를 꼭 주시했으면 좋겠습니다.

9 | CPI (소비자 물가 지수)

정의 및 의의

소비자 물가 지수는 음식료품, 주택, 의류, 운송, 의료, 오락, 교육, 통신 및 기타 주요 분야에서 200개 이상의 범주로 분류되는 수천 개 재화와 서비스의 가격 변동을 보여주는 지수입니다.

중앙은행의 정책 금리를 결정하는 데 있어 가장 중요한 요소 중 하나가 바로 인플레이션입니다. 그리고 이 CPI는 이 인플레이션의 동향을 가장 직관적으로 보여주는 지수라 하겠습니다. 인플레이션의 추이 파악을 위해 개인 소비 지출 디플레이터(PCE deflator – 명목 소비 지출을 실질 소비 지출로 나눈 비율)도 많이 쓰이지만 CPI 역시 흔히 활용됩니다.

활용

인플레이션은 금리 결정에 있어 가장 중요한 요소 중 하나입니다. 이런 측면에서 주식시장에 영향력이 높다고 하겠습니다. 하지만 이는 중앙은행의 통화 정책이 중요한 상황에서 영향력이 높은 것이고 몇 년 전과 같은 골디락스 상황의 구조적 물가 하락 국면에서는 CPI가 증시에 큰 영향을 미치지 못합니다. 어떤 것이든 그렇겠지만 경제지표도 각 상황에 따라 중요도가 변한다는 점을 강조하고 싶습니다.

10 | 내구재 주문 (Durable goods order)

정의 및 의의

내구재란 내구성을 가지고 있어 장기 사용에 견딜 수 있는 재화를 말합니다. 즉 장기간 사용할 수 있는 재화를 말하는데 단순히 오래 사용할 수 있는 것만 의미하지는 않으며, 구매 시 비교적 고가에 구매해야 하는 재화를 말합니다. 가구나 가전제품이 대표적인 내구재로 볼 수 있으며 빗은 오래 사용하는 제품이지만 고가가 아니기 때문에 내구재로 분류하지 않습니다.

내구재 주문은 중요한 경기선행지표로 간주됩니다. 내구재 주문은 자동차나 가전제품과 같은 고가 제품에 대한 소비자의 구매 의향을 파악하는 중요한 단서가 되기 때문입니다.

활용

내구재 주문은 매월 발표되는데 변동성이 크다는 단점이 있습니다. 특히 내구재 주문 전체는 상당한 변동성을 가지게 됩니다. 따라서 내구재 주문 발표 시 비국방 자본재(항공기 제외) 주문이 같이 발표되는데 이것이 핵심적인 지표라 할 수 있습니다. 무기나 항공기의 경우 한 대의 가격이 매우 고가이기 때문에 이것들이 포함된 전체 내구재 주문지표는 어쩔 수 없이 높은 변동성을 보여 전체 동향 파악이 어렵

주식 투자 잘하는 사람들의 7가지 무기

기 때문입니다.

경기에는 선행적일 수 있으나 주식시장에 선행성을 가지고 있는 지표로 보기는 어렵습니다. 따라서 확인지표로만 살펴보시면 되겠습니다. 특히 증시가 제조업을 중심으로 상승세가 전개되는 경우에는 현재 가장 강한 수요가 발생하고 있는 산업이 무엇인지 파악하는 데 용이합니다. 현재 주도주군의 주가 위치와 비교해서 확인할 수 있는 지표로서 의미가 있습니다.

11 | 공장 주문(Factory Orders)

정의 및 의의

공장 주문 역시 산업 생산의 사전지표 역할을 하는 중요한 선행지표입니다. 공장 주문이 내구재 주문과 다른 점은 내구재 주문과 비내구재 주문을 모두 포함한다는 점입니다. 그래서 공장 주문은 제조업 동향을 반영하는 경향이 있습니다.

활용

공장 주문은 내구재와 비내구재 전체를 포함하고 있기 때문에 국가 제조업 전체의 동향을 파악하기는 좋지만 주식시장은 주로 내구재를 생산하는 대기업이 포진되어 있다는 점에서 내구재 주문에 비해 그리 실효성이 높지는 않습니다. 더욱이 내구재 주문이 공장 주문보다 더 빨리 발표되기 때문에 증시에 주는 영향력이 크지 않다고 할 수 있습니다. 그래도 전체 제조업 경기 상황을 잘 표현하는 지표이니 만큼 뉴스로 확인 정도는 해 주시면 좋을 것 같습니다.

12 | 소매 판매(Retail sales)

정의 및 의의

매월 발표되는 소매 판매는 백화점, 자동차 판매 대리점, 의류점, 잡화점 등과 같은 소매업체의 판매 현황을 보여주는 지표로 소비 지출 속도에 관한 중요한 정보를 제공합니다. 본문의 주도주 편에서 잠시 언급했는데 경기란 결국은 수요의 크기를 의미합니다. 그렇기 때문에 최종 수요의 동향이라 할 수 있는 소매 판매 동향을 알려주는 소매 판매 지표는 중요한 지표라 하겠습니다.

활용

설문조사가 아니라 이미 진행된 소매 판매에 대한 조사 지수이기 때문에 경기에는 선행성을 가진다 하더라도 주식시장에 선행성을 가지는 지표로 볼 수는 없습니다.

그러므로 주식 투자 의사결정에 아주 결정적인 역할을 한다고 보기는 어렵겠습니다. 또한 어떤 제품이 잘 팔렸는가를 말해 주는 것이 아니라 소매 판매 채널을 중심으로 소매 판매 동향이 집계되는 만큼 주식 투자에 있어 어떤 종목을 매수해야 하는지에 대한 실마리도 제공해 주지는 않습니다.

하지만 중앙은행이나 정부의 적극적인 경기 부양책이 시행되는 시점에서는 결국 이 부양책이 수요의 증가로 이어지는지를 가장 직접적으로 보여 주는 전체 경기 동향을 알려 주는 지표로서는 중요한 의미가 있습니다.

그러므로 분석 보고서까지 꼭 집중해서 탐독하시기보다는 뉴스 정도로 전체 동향만 확인해 주고 넘어가면 좋을 지표라 하겠습니다.

가장 쉬운 주식 투자법, '추세 추종자'가 되라

이제 책을 마무리해야 할 것 같습니다. 주식 투자와 관련해서 할 수 있는 이야기는 정말 무궁무진하게 많습니다. 시내 서점만 가 보더라도 주식 관련 책이 수없이 쌓여 있습니다. 대부분의 책이 저마다 자신만의 주식 투자에 관한 이야기를 하고 있을 것입니다. 저 역시 이 책을 쓰면서 처음부터 끝까지 관통하는 어떤 주제를 가지고 쓰려고 노력했습니다. 저는 이 책을 쓰는 동안 딱 세 가지의 관점에서 써 내려갔습니다. 너무 많은 주제를 담기보다는 딱 세 가지 주제가 책 전체에 흐르도록 하고 싶었습니다.

그 흐름의 첫 번째는, 이 책을 쓰면서 단 한 번도 주식 투자를 통해 대박 내는 법에 대해서 쓰려고 노력하지 않았다는 것입니다. 솔직히 제가 그런 방법을 알지 못하기 때문입니다. 대신 저는 회복할 수 없을 정도로 손실이 많이 나서 주식시장에서 자의 반, 타의 반으로 퇴출되지 않는 법에 대해서 이야기하려 했습니다. 책에서 몇 차례 말한 것처럼 주식 투자란 깨지지 않으면 언젠가는 수익이 나게 되어 있습니다. 그래서 저는 이 책이 여러분을 부자로 만들어 주는 책이 아니라 여러분이 앞으로 남은 여생 동안 주식 투자를 할 수 있도록 하는 일종의 '보호 매뉴얼' 같은 책이 되길 바라는 마음으로 집필했습니다. 너무 거창한 희망인지는 모르겠지만 최소한 제 마음만은 그렇습니다.

두 번째로, 서점에 가 보면 현재 시류에 적합한 책들이 참으로 많이 나와 있습니다. 해외 투자가 붐일 때는 해외 투자에 대해서, 뉴딜이 유행일 때는 뉴딜에 대해서 이런 식으로 말입니다. 그리고 이런 책들이 인기도 가장 많은 것 같습니다. 하지만 저는 실질적인 문제를 다룸에 있어서 현재 시류에 잘 적용되지만 한 번 지나가면 소용없어지는 이야기보다는 주식 투자를 하는 동안 내내 필요해 보이는 내용들을 주로 담고자 했습니다. 한 번 읽고 버려지기보다는 간혹 한 번씩 다시 읽혀지는 그런 책이 되기를 바라면서 내용들을 정리했습니다.

마지막으로 저는 전망이나 예측이 아니라 대응을 통해 주식시장에서 오랫동안 뒤처지지 않고 살아남을 수 있는 태도와 마음가짐에 대해 강조했습니다. 수익을 잘 낼 수 있는 방법은 수없이 많고 상황마다 다르며 사실 엄청난 운이 필요합니다. 하지만 이런 스킬보다는 주식시장을 바라보는 올바른 마음가짐과 태도가 여러분을 주식시장에서 롱런하게 만들 것이라 믿어 의심치 않습니다. 약간은 막연하고 추상적인 의미이지만 올바른 태도와 마음가짐이 가장 중요합니다. 그래서 책 중간중간에 수많은 각도에서 이러한 태도와 마음가짐을 이야기했습니다. 이는 아마추어 개인 투자가이건 프로 투자가이건 마찬가지라 생각합니다. 올바른 마음가짐과 태도에 대해서 명심하고 또 명심했으면 좋겠습니다.

사실 아마추어 투자가 입장에서 보면 주식 투자란 본업이 아닌 재테크의 한 수단일 따름입니다. 그런데 본업이 아닌 재테크를 위한 주식 투자를 하면서 투자 철학을 완성하고 시장을 분석하고 투자 종목을 분석하고 적정한 가치를 산출하고 위험 관리를 하는 것은 여간 어려운 일이 아닙니다. 아니 어쩌면 굉장히 불필요한 일일지도 모릅니다. 그래서 저는 여러분에게 이 모든 것을 가장 손쉽게 할 수 있는 태도에 대해서 마지막으로 소개하며 책을 마무리하고자 합니다.

추세 추종자(trend-follower)가 되어 보면 어떨까요? 추세 추종자가 무엇이냐고요? 간단합니다. 여러분들이 주식 투자를 하면서 얻게 되는 모든 정보들을 추세의 입장에서 바라보는 것입니다. 시장을 추세의 관점에서 바라보고 투자 종목을 추세의 관점에서 바라보는 것입니다. 내 투자 종목과 주식시장 전체에 영향을 미치는 수많은 변수들도 추세의 관점에서 바라보는 것입니다. 이렇게 되면 투자 철학이 자연스럽게 만들어지고 가장 중요한 위험 관리 역시 가장 손쉽게 할 수 있습니다. 구체적인 방법은 이미 이 책에서 모두 다뤘습니다.

이 모든 것들을 추세의 입장에서 바라보는 추세 추종자가 된다면 자신에게 가장 적합한 투자 세계를 구축할 수 있게 될 것입니다. 앞에서 주식 투자를 잘하는 것은 내 투자 환경에 가장 적합한 투자를 하는 것이라고 이야기한 바 있습니다. 추세 추종자가 되면 이 모든 것들을 상당히 손쉽게 할 수 있습니다. 추세는 내 투자 환경상의 투자 기간 기준으로 결정하면 됩니다. 단기 수익이 중요한 사람이면 짧은 기간의 추세를 핵심 추세로 보면 될 것이고, 중장기 투자가 내 투자 환경이라면 또 그 기간에 맞춰 핵심 추세 기간을 설정하면 됩니다.

예를 들어 투자 기간이 짧고 단기 매매가 필요한 사람이라면 추세는 일주일을 넘지 말아야 할 것입니다. 그렇다면 일봉으로는 추세가 보이지 않습니다. 그럴 때는 30분이나 다른 분봉으로 추세 데이터를 만들어 보면 훨씬 쉽게 추세를 관찰할 수 있습니다. 제 경우 증권사 고유 계정은 투자 기간이 1년으로 제한되어 있습니다. 그래서 저의 트레이딩 화면에 나와 있는 모든 그래프는 기간이 항상 1년입니다. 그리고 1년의 기간 속에서 추세가 10일이든 20일이든 일정하게 나타나는 것을 추세로 받아들이고 이를 기준으로 시장이나 종목을 해석하는 것입니다. 저는 이 기준으로 단순히 주가만 바라보는 것이 아니라 주식시장 전반에 영향을 미치는 요소들인 환율, 금리, 원자재의 동향과 추세까지 관찰하고 해석을 내립니다.

저는 시장을 해석할 때도 이렇게 추세의 입장에서 이해합니다. 주식시장에 영향을 주는 요소들이 우호적인 추세를 형성하고 있는 가운데, 주식시장에서 상승 추세를 형성하고 있는 종목들이 많다면 좋은 시장이기 때문입니다. 저절로 보유한 주식도 많아질 것입니다. 반대로 주식시장 내에 상승 추세가 만들어진 종목들이 많지 않다면 이는 좋지 않은 시장입니다. 그리고 자연스럽게 저의 주식 비중은 낮아질 것입니다.

이렇게 추세 추종자가 되면 추세를 중심으로 모든 것을 바라보는, 그래서 추세를 중심으로 투자의 의사결정을 내리게 되는 투자 철학이 만들어질 것이고 내 투자 환경에 가장 적합한 추세를 스스로 만들어 낼 수 있습니다. 또한 추세를 중심으로 바라보면 가장 중요한 위험 관리도 저절로 될 것입니다. 앞에서 설명한 제 경우처럼 추세가 상실되면 주식의 비중이 자연스럽게 줄게 되기 때문입니다.

저는 20년 가까이 직업 투자가로 살았습니다. 그런데 아직도 저에게 주식 투자는 너무 어려운, 정상에 오르지 못하고 있는 산입니다. 세상의 정보는 계속해서 바뀌고 검토해야 할 것들과 새롭게 공부해야 할 것들이 쌓여 갑니다. 이를 잠시라도 놓치면 주식시장에서 어느 순간 한참 뒤처진 저를 발견하곤 합니다. 이 책을 쓰는 지금도 저는 100%의 긴장감을 갖고 하루를 살아가고 있습니다. 언제나 100%의 긴장감을 가지려고 노력해도, 뒤처지지 않게 하루에 몇십 페이지의 보고서를 읽고 새벽부터 시장을 분석하고 전략을 세우는 일을 게을리 하지 않더라도 항상 실수를 합니다. 해석을 잘못해서, 혹은 내 심리적인 압박을 이겨 내지 못해서 때로는 잘못된 정보를 받아들이면서 늘 실수를 하기에 주식 투자는 정말 어렵습니다. 아마도 주식은 저에게 평생 오르지 못할 산이 될 것 같습니다.

전문 투자가인 제가 이런데 하물며 일반 투자가들에게 "주식 투자 정말 쉽습니다. 이렇게만 하면 누구나 수익을 낼 수 있습니다"와 같은 책을 쓸 수는 없었습니다. 때문에 저와 같은 직업 투자가가 아닌 사람이라 할지라도 재미있게 평생 주식 투자할 수 있는 방법에 대해 쓰려고 했습니다. 제가 생각한 그 방법은 바로 추세 추종자가 되는 것이라고 말하고 싶습니다.

평생을 주식 투자만 했던 사람이 처음으로 책을 쓰게 되었습니다. 부족함이 적지 않겠지만 책을 쓰는 순간만은 항상 진지했고 최선의 이야기를 전하고자 했다는 점만은 말씀드릴 수 있을 것 같습니다. 독자 여러분의 건승을 기원합니다.

주식 투자
잘하는 사람들의
7 가지 무기

주식 투자
잘하는 사람들의
7가지 무기

1판 1쇄 발행 | 2021년 4월 8일
1판 3쇄 발행 | 2021년 4월 20일

지은이 김진
펴낸이 김기옥

경제경영팀장 모민원
기획 편집 변호이, 박지선
커뮤니케이션 플래너 박진모
경영지원 고광현, 임민진
제작 김형식

표지 디자인 블루노머스   본문 디자인 제이알컴
인쇄 · 제본 민언프린텍

펴낸곳 한스미디어(한즈미디어(주))
주소 121-839 서울특별시 마포구 양화로 11길 13(서교동, 강원빌딩 5층)
전화 02-707-0337 | 팩스 02-707-0198 | 홈페이지 www.hansmedia.com
출판신고번호 제 313-2003-227호 | 신고일자 2003년 6월 25일

ISBN 979-11-6007-582-3 (13320)